Edith Sitwell

Piraterie & Pietät

Mehr englische Exzentriker
Aus dem Englischen
von Karl A. Klewer

Frankfurter
Verlagsanstalt

Erste Auflage 1991
© der deutschen Ausgabe:
Frankfurter Verlagsanstalt GmbH,
Frankfurt am Main 1991
Alle Rechte vorbehalten
Satz: Photosatz Reinhard Amann, Aichstetten
Druck & Einband:
Franz Spiegel Buch GmbH, Ulm
Printed in Germany
ISBN 3-627-10005-0

Dr. und Mrs. H. Lydiard Wilson
voll Zuneigung gewidmet

Inhalt

Vorbemerkung
der Verfasserin

Dame Edith Sitwell

Es ist der Verfasserin ein Bedürfnis, ihren Dank den Biographen der von ihr dargestellten Exzentriker abzustatten, wie auch allen anderen Sammlern von Beispielen exzentrischen Verhaltens, deren Werke zu Rate zu ziehen sie Gelegenheit hatte. Hinweise auf die zahlreichen Titel sind, wo immer das möglich war, im Text vermerkt.

Edith Sitwell

Quacksalber
und Alchemisten

Nunmehr kommen diejenigen, welche gern die Übel der Welt kurieren möchten.

Man beachte, wie sonderbar und vogelähnlich die Stimmen dieser händelsüchtigen, flügelschlagenden Herren sind.

Mr. John Ashton teilt uns in seinem *Waifs of the Eighteenth Century* [Heimatlose Kinder des 18. Jahrhunderts] mit: »Der Begriff Quacksalber« finde sich vor dem siebzehnten Jahrhundert nicht häufig, und seine Herleitung sei noch nicht einwandfrei geklärt. In seinem 1847 publizierten Werk *The Antiquities of Egypt* [Ägyptische Altertümer] sagt William Osburn jr.: »Ein Arzt wird häufig durch eine Entenart mit Namen *Chini* symbolisiert.« Allerdings findet sich eine Bestätigung dieser Behauptung weder bei Pierret in seinem *Vocabulaire Hiéroglyphique* noch bei Christian Carl Josias Bunsen in *Ägyptens Stelle in der Weltgeschichte*. Doch war im Ägyptischen das Lautwort für das Schnattern einer Gans ›Ka Ka‹ und im Koptischen ›Quok‹, was beinahe ebenso ausgesprochen wurde wie unser ›Quack‹.

Der erste, der flügelschlagend und wie ein Vogel kreischend aus dem Staub hervortritt, ist das Wesen, auf das die Bezeichnung ›Munterer Andrew‹ zurückgeht, nämlich Mr. Andrew Boorde, Leibmedikus bei König Heinrich VIII. Von den schwarzen und undurchsichtigen Krankheiten, unter denen dieser Herrscher allem Anschein nach heimgesucht wurde, weder beeindruckt noch gerührt, verfaßte er Werke wie *The Breviary of Health* [Das Gesundheitsbrevier], *The Tales of the Madness of Gotham* [Die Erzählungen von Gothams Wahnsinn] sowie *The Introduction to Knowledge* [Die Einführung ins

Wissen], »die einen Mann lehrt, allerlei Sprachen zu sprechen wie auch Gebräuche und Sitten von allerlei Ländern zu kennen«. Dies Werk war der hochwohlgeborenen und holdseligen Lady Mary gewidmet, Heinrichs VIII. Tochter. Den Namen ›Munterer Andrew‹ verliehen ihm seine dankbaren Patienten wegen seiner Späße, deren er sich in seinen späteren und überschatteteren Jahren enthielt, denn er trat als Mönch ins Kartäuserkloster zu London ein. Abwechselnd markerschütternd schrill, mit vogelähnlicher Lustigkeit gackernd, dann wieder gravitätisch und schwarz krächzend wie eine Saatkrähe, nahm dieser Geist keine Kenntnis von einem anderen merkwürdigen taprigen alten Geist, der mit dem scharlachroten Rock, der lappigen Weste und den rüschenbesetzten Ärmeln des letzten Kurpfuschers um die Ecke geschlichen kam, und zwar am Salisbury Square, dem Ort, wo er gelebt hatte und an Altersschwäche gestorben war.

Inzwischen ist der kleinkarierte, wichtigtuerische und aufgeblasene Sir Kenelm Digby, Gemahl der schönen Venetia Digby, eifrig damit beschäftigt, sein Einfühlungspulver herzustellen und zu vertreiben und einen von ihm verfaßten Aufsatz auswendig zu lernen, den er demnächst einer Gelehrten Gesellschaft in Montpellier vorzutragen gedenkt. Der Aufsatz berichtet die Fallgeschichte einer jener erfolgreichen Heilungen, die unweigerlich die Anwendung des Einfühlungspulvers krönten.

Ein gewisser Herr namens Howell stieß, wie es scheint, auf zwei gute Bekannte, die dabeiwaren, sich zu duellieren. Als er, beflissen und von den besten Ab-

Sir Kenelm Digby (1603–1665)
mit seiner Frau Venetia und zwei Söhnen

sichten durchdrungen, zwischen die beiden Kampf-
hähne trat, ereilte ihn sogleich das Geschick aller Frie-
densstifter, denn beide Degen verwundeten ihn schwer,
zufällig beide an der Hand. Angesichts der Mr. Howell
widerfahrenen Unannehmlichkeit erfaßte die beiden
Raufbolde Reue. Sie verbanden des Leidenden Hand
mit einem Strumpfband und brachten ihn heim. Mr.
Howell war ein so bedeutender Mann, daß ihm der König seinen Leibarzt sandte, damit dieser die Wunde be-
handelte, doch er war nicht imstande, die Angelegenheit ins Lot zu bringen. Es sah ganz so aus, als müsse die
Hand absterben, und Mr. Howells Freunde sagten ihm
die Amputation seines Armes voraus. Jetzt schlug die
Stunde Kenelms, den Howell sogleich aufgesucht hatte.

Gleichmütig und seiner Sache sicher, nahm er den Leidenden in Augenschein. »Ich erbat von ihm«, teilte er den Mitgliedern der Gelehrten Gesellschaft mit, »irgendeinen Gegenstand, an dem Blut klebte, und sogleich schickte er um sein Strumpfband, mit dem man ihm die Hand anfangs verbunden hatte. Während ich mir eine Schüssel mit Wasser bringen ließ, so, als wolle ich mir die Hände waschen, nahm ich eine Handvoll Vitriolpulver, das ich in meinem Arbeitszimmer hatte, und löste es auf. Als man mir das blutbefleckte Strumpfband brachte, legte ich es sogleich in die Schüssel und hatte währenddessen ein Auge auf Mr. Howell. Er stand, in ein Gespräch vertieft, in einer Ecke meines Zimmers, ohne darauf zu achten, was ich trieb. Mit einem Mal zuckte er zusammen, als habe er an sich eine eigentümliche Veränderung bemerkt. Ich fragte ihn, was ihm fehle. ›Ich weiß nicht, was mir fehlt, aber ich spüre keinen Schmerz mehr. Es will mir scheinen, als breite sich eine Art angenehme Frische über meine Hand wie ein nasses und kaltes Tuch und nehme die Entzündung fort, die sie zuvor quälte.‹

Ich gab zur Antwort: ›Wenn Sie schon jetzt eine solche wohltuende Wirkung meiner Medizin verspüren, rate ich Ihnen, alle Verbände fortzuwerfen. Achten Sie nur darauf, daß Sie die Wunde sauber und bei mäßiger Temperatur halten, nicht zu warm und nicht zu kalt.‹

Das wurde sogleich dem Herzog von Buckingham und bald darauf dem König berichtet. Beide brannten darauf, die näheren Umstände der Angelegenheit zu erfahren, die darin bestanden, daß ich nach der Abendmahlzeit das Strumpfband aus dem Wasser nahm und

*Sir Kenelm Diby
nach einem Portrait
von Van Dyke*

zum Trocknen vor ein großes Feuer hängte. Es war
kaum trocken, als Mr. Howells Bedienter gelaufen kam
und sagte, seinen Herrn brenne es ebensosehr wie zuvor, wenn nicht noch mehr; denn die Hitze sei so, als
liege seine Hand zwischen glühenden Kohlen! Ich gab
ihm zur Antwort, er werde dennoch bald Erleichterung
spüren, denn mir sei der Grund dieses neuerlichen An-
falls bekannt, und ich würde dagegen Anstalten treffen.
Sein Herr werde von dieser Entzündung befreit werden, möglicherweise schon, bevor er heimkomme.
Sollte er keine Erleichterung finden, wünschte ich, daß
der Bediente sogleich zurückkehre, andernfalls brauche
er nicht erneut zu kommen. Darauf ging er. Sogleich
legte ich das Strumpfband wieder ins Wasser, und so
fand er seinen Herrn erneut ohne Schmerzen vor. Um
es kurz zu machen, es gab danach kein Schmerzgefühl
mehr, sondern binnen fünf oder sechs Tagen vernarbten
die Wunden und verheilten vollständig.«

Nun schiebt Don Lopus[1], der berühmte spanische
Arzt, diese beiden Herren beiseite, von denen einer zu
alt und zu gebrechlich ist, als daß er dieser neuen kühlen
und sachlichen Kraft Widerstand entgegenzusetzen ver-
möchte. Dieser Marktschreier läßt sich von seinen
Gehilfen und seinem Possenreißer begleiten, denn ein
solcher war für einen spanischen Arzt im sechzehnten

---

[1] Damit dürfte Roderigo Lopez gemeint sein, der sich im Jahre 1559 in England niederließ. Im Bericht der Volkszählung heißt es über ihn »Doctor Lopus (sic), ein portingalesischer Angehöriger der königlichen Hofhaltung«.
Er war Leibarzt Königin Elizabeth' und wurde hingerichtet, weil er sich an
einer Verschwörung zu ihrer Ermordung beteiligt haben sollte. Auf dem
Blutgerüst erklärte er: »Ich liebe die Königin ebenso sehr wie Jesus Chri-
stus«, was große Heiterkeit hervorrief, denn er war Jude. [A. d. Ü.]

und siebzehnten Jahrhundert unerläßlich. Sein Auftreten und seine Praktiken erinnern an das eigentümliche Gedicht aus einem langen Werk namens *Bird Actors* [Vogelschauspieler]. In diesem Gedicht schilderte Mr. Sacheverell Sitwell, wie

> Jener glänzende Scharlatan, Sebastian Mondor,
> Sein schwankendes Brettergerüst errichtet,
> Quer über die Menge hin ziehen sich seine
> Kunstvoll verdrehten Bogen, märchenhafter
> Als die geruhsamen Luftpaläste,
> Die den geruhsamen Blick der Sonne abschirmen.
> Wenn er nun majestätisch schreitet,
> Wein verschüttend und mit süßen Düften
> Sacht den munteren Bogen quert,
> Stolzieren, zwei Federn im Haar,
> Komödianten am jähen Rande umher,
> Über der schäumenden Menge
> mit weiten Ärmeln und Hosenbeinen, die im Winde
> flattern.
> Durch die Menge
> Läuft das Zittern ihrer Bewegungen;
> Bis die am weitesten Entfernten
> Spüren, wie ihnen die wilden Blüten
> Eines jeden schrillen Papageienschreis aufs Gesicht
> prallen.

Just ein solcher Marktschreier war der berühmte spanische Arzt Don Lopus. Er bestieg das Brettergerüst und schrie über die Menge hin: »Überaus edle Herren und ausnehmend schöne und tugendsame Damen, sonstige

Freunde und Zuhörer. Sehen Sie, wie Euer geringer
und äußerst eifriger Diener Lopus eigens hergekommen
ist, um Euch seine physikalischen und chemischen Kün-
ste als Gabe darzubieten, insbesondere aber seine höchst
schätzenswerten Pflanzen und sein wertvolles Öl, von
dem ich sagen muß, daß ich es mitsamt meinen sechs
Dienern nicht so rasch herstellen kann, wie die Herren
Eurer Stadt es in meiner Wohnung abholen wollen. Seit
meiner Ankunft haben mich Fremde vom Festland wie
auch verehrungsvolle Kaufleute durch ihre glänzende
Großzügigkeit in würdiger Weise für ihre Zwecke mit
Beschlag belegt. Denn was nützt es einem Reichen,
wenn seine Vorratskammern voll der üppigsten Ge-
nüsse sind und seine Ärzte ihm vorschreiben, er dürfe
nichts als abgekochtes Aniswasser trinken, so er nicht
sterben wolle?

O Gesundheit, Gesundheit, Segen der Reichen und
Reichtum der Armen. Wer kann dich zu teuer erkaufen,
da es doch in dieser Welt ohne dich keine Lust gibt! So
Ihr nicht den natürlichen Lauf Eures Daseins verkürzen
wollt, bitte ich Euch, ehrenwerte Herren, geht nicht zu
knauserig mit dem Inhalt Eurer Börse um.

Hier ist der Arzt, hier die Medizin. Er rät, sie heilt.
Das ergibt die Wirkung; und im Zusammenwirken beider zeigt sich eine Kurzfassung der Theorie und Praxis
von Äskulaps Kunst.

Nun bitte ich dich, Zan Fritado, trag uns ein improvi-
siertes Lied zu Ehren dieser Kunst vor.

Das Lied des Possenreißers

Hätte Hippokrates oder der alte Galenus
Von diesem Geheimnis etwas gewußt,
Nie hätten sie so viel Papier für ihre Bücher verbraucht,
Nie hätten bei ihnen so viele Kienspäne geraucht.
Kein exotisches Mittel hätte je Ruhm erlangt,
Niemand kennte der Wörter Sassafras oder Tabak
                                    Klang,
Nicht gäbe es Raymond Lullus Elixier, das grandiose
Noch von Guajacol die kleinste Dose,
Niemand würde sich für den Dänen Gonswart regen
Oder für Paracelsus mit seinem langen Degen.

»Das genügt«, sagte der Arzt mit einer Handbewegung
zu seinem Possenreißer.

»Nun, meine Herren, ich bin in der Stimmung, (für
diesmal) den Wohlhabenden aus Höflichkeit und den
Armen um Gottes willen, die geringe Menge zum Ge-
schenk zu machen, die meine Truhe enthält. Nur heran.
Weder sollt Ihr mir sechs noch fünf Shilling[1] geben, und
auch nicht vier, drei, zwei oder einen. Einen halben
Shilling soll es Euch kosten, Sixpence, *oder sechshundert
Pfund*.

Bei meinem ehrlichen Namen, rechnet nicht damit,
um einen geringeren Betrag davonzukommen – ich
lasse nicht das mindeste nach. Das will ich lediglich als
Unterpfand Eurer Liebe; es soll mich erkennen lassen,
daß Ihr mich nicht geringachtet.

---

1 Seinerzeit der zwanzigste Teil eines englischen Pfundes. Ein Shilling hingegen war in zwölf Pence unterteilt. [A.d.Ü.]

Nur zu also! Werft bereitwillig Eure Taschentücher, denn der erste wagemutige Geist, der mir sein Tuch zu verehren geruht, bekommt überdies ein Andenken, das ihm mehr zusagen wird, als hätte ich ihn mit einer Doppel-Pistole[1] belohnt.

Vielen Dank, meine Dame ... Hier in diesem Papier ist ein Pulver verborgen. Ich sage Euch nur soviel, es ist jenes Pulver, das Venus (die es von Apollo empfing) zur Göttin machte und sie allzeit jung erhielt, das dafür sorgte, daß sie nie Fältchen bekam, stets kräftiges Zahnfleisch hatte, eine glatte Haut und prachtvolles, nie ergrauendes Haar behielt. Sie gab es an Helena weiter, doch nach Trojas Zerstörung blieb es verschwunden. Erst in unserer Zeit hat es ein eifriger Altertumsforscher in irgendwelchen Ruinen Asiens wiederentdeckt und ein Quantum davon an den französischen Hof geschickt, wo sich jetzt die Damen die Haare damit färben. Der Rest befindet sich (zur Zeit noch) in meinem Besitz, in Form eines Wirkextrakts, so kräftig, daß ewig jung bleibt, wer ihn in der Jugend auch nur berührt. Dem Alter gibt er die gesunde Gesichtsfarbe zurück, festigt die Zähne, so daß sie unverrückbar sitzen wie einst in jungen Jahren, und macht solche, die schwarz wie die Hölle waren, weiß wie Elfenbein. «

Diese Wohltäter der Menschheit schienen so zahlreich zu sein wie die Federn der Vögel, denen sie so sonderbar ähnelten. Neue Krankheiten wurden erfunden, die der Heilung bedurften, auch wenn sie nicht erkennbar waren. Eine Siebte Tochter verkündete aus dem Gasthof

1 Die Pistole war eine damals in Spanien im Umlauf befindliche Goldmünze. [A.d.Ü.]

Zur Blauen Kugel vom oberen Ende der Straßen zu den
Vergeblichen Mühen in der Nähe von Shadwell New
Market, sie könne Fragen aller Art beantworten und
Träume deuten; ein im späten siebzehnten Jahrhundert
erschienenes Buch mit dem Titel *The Woman's Prophecy,
or the Rare and Wonderful Doctress* [Die Prophezeiung des
Weibes oder die fürtreffliche und wundersame Ärztin]
machte sich anheischig, »die hoffnungslosesten Leiden
des weiblichen Geschlechts zu heilen, als da sind Bren-
nen im Halse, Zittern der Nieren, Trab des Unwohlseins usw.« Ein Mann, dessen Standquartier der Gasthof *Zu den Drei Kompassen* in der Jungferngasse war,
verkündete auf einem Flugblatt, er sei imstande, verschiedene absonderliche Störungen zu heilen. Zwar
seien diese der Welt bisher nicht bekannt, doch werde er
»jedem kundigen Künstler offenbar machen, daß es sich
bei ihnen um die bedeutendsten Ursachen der gewöhn-
lichsten Beschwerden handelt, die den Leib des Menschen befallen können. Sie heißen: ›Die Mächtigen
Fünf, die Marthambles, die Mondbleiche und das Hok-
kogrockel.‹«

Auch wenn Hockogrockel und Trab des Unwohlseins
einer Heilung durch Hausmittel trotzten, will es uns
heute scheinen, als habe man sich der Behandlung des
als Blähungen bekannten Leidens im häuslichen Rahmen unter Umständen bisweilen ein wenig zu nachdrücklich gewidmet.

Das führte dazu, daß Sir Charles Hall, der berühmte
Arzt des siebzehnten Jahrhunderts, in den Mittelpunkt
einer ebenso lebhaften wie bemerkenswerten Szene
rückte. Als er sich in dem Dorf, in das man ihn gerufen

hatte, eine Leiter bringen ließ und daranging, Mr. Thomas Gobsill kopfüber auf diese zu binden und ihn heftig zu schütteln, drängten sich an den Fenstern eines jeden Hauses, auf den grasbewachsenen Straßen, vor allem aber auf dem Dorfanger vor Mr. Gobsills Haus aufgeregt gaffende Bauerntölpel.

Veranlaßt worden war diese bemerkenswerte tatkräftige Anstrengung von seiten Sir Charles' dadurch, daß der unter Blähungen leidende Mr. Gobsill, »ein dürrer Mann von ohngefähr sechs- oder siebenundzwanzig Jahren«, es sich vor einer Weile – auf den Rat eines Bekannten hin – angewöhnt hatte, runde weiße Kiesel zu schlucken, um sein Leiden zu bezwingen. Zuerst funktionierte das auch hervorragend, und Mr. Gobsill wurde auf ganz natürliche Weise sowohl von den Kieseln wie auch von den Blähungen befreit. Als aber letztere nach einer gewissen Zeitspanne zurückkehrten, kehrte auch Mr. Gobsill zu den Kieseln zurück. Doch weder Blähungen noch Kiesel gaben auf, sie blieben in Mr. Gobsill. Daraus schloß er ganz natürlich, das Beste sei, die Dosis zu steigern, was er auch tat, bis er statt der ursprünglich neun Kiesel deren zweihundert geschluckt hatte. Als diese zweihundert Kiesel zweieinhalb Jahre lang nicht aus Mr. Gobsills Tiefen wichen noch wankten, fiel ihm auf, daß er keinen Appetit mehr hatte und an Verdauungsstörungen litt. Daher zog er Sir Charles hinzu, und dieser stellte bei einer Untersuchung seines Patienten fest, daß man die Steine klappern hören konnte, wenn man Mr. Gobsill schüttelte, ganz so, als befänden sie sich in einem Sack. Im Verlauf der von mir beschriebenen Szene machten sich die Steine gemächlich und hörbar auf den Weg zu Mr. Gobsills Mund, doch sogleich wurde er wieder auf die Füße gedreht, was der versammelten Menge das Vergnügen bereitete zu hören, wie die zweihundert Kiesel einer nach dem anderen ihren ursprünglichen Aufenthaltsort wieder aufsuchten.

Der weitere Fortgang seines Lebens ist mir nicht bekannt, und ich weiß auch nicht, ob er, von seinen getreuen Mineralien begleitet, ein frühes Grab fand, doch versichert uns sein Biograph, Mr. Kirby, mit eulenhafter Ernsthaftigkeit, daß die Steine, »wenn er im Bett lag, mitunter nahezu bis zu seinem Herzen emporwanderten und ihm großes Unbehagen bereiteten; bei solchen Gelegenheiten mußte er sich auf die Knie aufrichten oder sich hinstellen. Er konnte dann hören, wie sie fielen, und zählte dabei jedesmal mehr als einhundert. «

Eingebildete Kranke gab es, denke ich mir, im sechzehnten, siebzehnten und achtzehnten Jahrhundert weniger als heute – war doch Kranksein eine äußerst unsichere Angelegenheit. Der Leidende mußte darauf gefaßt sein, daß man ihn mit sonderbaren Stärkungsmitteln und Arzneien traktierte. Einige Beispiele dafür sind: »lebende Schweineläuse, mit Aqua Vitae gelöschter Koks, rote Korallen, frisch gesammelte Regenwürmer, lebende Kröten, schwarze Spitzen von Krebsscheren, Menschenschädel, Elchhufe, Blattgold, verbrannte Menschenknochen, die Innenhaut aus dem Schlund eines Kapauns, im Frühjahr gesammelter und an der Sonne getrockneter Gänsekot, der Augapfel eines Karpfens, das Horn eines Einhorns, Eberzähne, Hechtkiefer, geraspelter Seepferdzahn, Froschleber, getrockneter weißer Pfauenkot sowie das Fleisch von Kröten und Giftschlangen.« Mit Hilfe dieser Mittel wurde das Übel verscheucht oder, sofern es die Mahnung nicht zur Kenntnis nahm, kuriert. Zusätzlich zu den Schrekken, die mit den Blattern einhergingen, zwang man an ihnen Erkrankte, Pulveris Aethiopicus einzunehmen. Dies schwarze Pulver bestand aus dem, was von dreißig oder vierzig Kröten übriggeblieben war, die man in einem neuen Topf zu schwarzer Schlacke oder Asche verbrannt und zu feinem Pulver zerstampft hatte. Auch Gelbsucht war kein Leiden, das man auf die leichte Schulter nehmen konnte, denn als Heilmittel dagegen diente entweder an der Sonne getrockneter und zu feinem Pulver zermahlener Gänsedung, den man mit bestem Safran und etwas Kandiszucker vermischt hatte – man nahm dies Mittel sechs Tage lang zweimal täglich in Rheinwein ein –, oder aber Gelbwurz in einem kleinen Glas Weißwein, weißer Weinstein, Regenwürmer und erstklassiger Rhabarber. Ein gelehrter Arzt pflegte sogar die Krankheit damit zu vertreiben, daß er diese beiden Mittel miteinander vermischte und der Kranke in den Genuß beider gelangte.

Doch es kommt noch schlimmer. Die Trunksucht, Lieblingszeitvertreib jener Epoche, war nicht einfach eine Schande, sondern geradezu eine Gefahr. Allerdings empfahl sich Niedergeschlagenheit ebensowenig, wie sich nachstehender Anzeige entnehmen läßt, ob es nun als Ergebnis dieser Trunksucht oder aus anderen Gründen dazu kam. »Zwar ist die Schlange ein von den Ärzten aller Völker anerkanntes Heilmittel, doch gibt es jetzt den Flüchtigen Extrakt daraus. Dieses gänzlich

neue Präparat stellt nicht nur jegliche Herzstärkungs-
mittel und Tinkturen in den Schatten, sondern auch alle
aus der Schlange gewonnenen Präparate. Der Extrakt
geht auf das Rezept eines dahingeschiedenen Arztes zurück und wird ausschließlich von einem Familienange-
hörigen hergestellt. Er ist das vorzüglichste Mittel gegen alle Ohnmachten, Schweißausbrüche, Anfälle von
Niedergeschlagenheit usw. wie auch bei allen Gewohnheiten und Störungen des Leibes, die auf Unmäßigkeit,
den Verzehr von Obst, das Trinken verdorbenen Weins
oder welcher anderer giftiger oder grober Getränke
auch immer, zurückgehen, und es dient ebenfalls dazu,
die Nebenwirkungen oder Reste einer Behandlung mit
Chinapulver zu beseitigen.«

Kurz gesagt *sah* ein dem Trunk Ergebener nicht nur
Schlangen, er wurde auch noch genötigt, sie zu schluk-
ken!

Das waren die von richtigen Ärzten verschriebenen
Medikamente, und ich kann mir nicht denken, daß solche Herren wie der auch als Dr. Anodyne[1] bezeichnete
Dr. Seneschall, der zur Zeit König Karls II. lebte, Patienten gräßlichere zumutete. Dr. Anodynes Ruhm
ging nicht allein darauf zurück, daß er im Hochsommer
unter den Strahlen des Hundssterns einen Pelz trug,
sondern auch auf seine Kunstfertigkeit als Alchemist. Er
war der tatkräftige Herr, der darauf verfiel, Kindern mit
Hilfe von (aus Muskatnüssen hergestellten) Halsbän-
dern das Zahnen zu erleichtern, und der uns, Bains zufolge, »unentgeltlich wissen läßt, daß Jahr für Jahr

---

1 Ein sprechender Name, denn ›anodyne‹ bedeutet ›schmerzstillend, wohltuend‹, also auf deutsch in etwa ›Dr. Wohltat‹. [A.d.Ü.]

sämtliche Schnepfen und Kuckucke zum Mond flie-
gen«.

Dieser edlen Gesellschaft von Kurpfuschern schloß
sich John Wilmot, Graf von Rochester, an, als er wieder
einmal vom königlichen Hof verbannt war. Laut Bischof Barnet und de Grammont betrieb er sein Gewerbe
in der Tower Street, gleich neben dem Gasthaus *Zum
Schwarzen Schwan*, und zwar unter dem Namen »Alexander Bends, vor kurzem aus Deutschland eingetroffen«. Für einen Kurpfuscher scheint es wichtig gewesen
zu sein, daß er aus dem Ausland kam, auch wenn mir
nicht ganz klar ist, wieso. Zu den großen Späßen des
siebzehnten Jahrhunderts gehörte eine berühmte
marktschreierische Ansprache Lord Rochesters, die als
großformatiger Ein-Blatt-Druck erhalten ist. Sie enthält nachstehende Passagen: »Das Wissen um diese Geheimnisse erwarb ich auf meinen Reisen in Frankreich
und Italien, wo ich mich vom fünfzehnten Jahr bis zum
gegenwärtigen Alter von neunundzwanzig Jahren aufhielt. Wer Italien bereist hat, wird Ihnen sagen, welche
Wunder an Menschenkunst dort der Natur bei der Be-
wahrung der Schönheit zur Hand gehen; wie Frauen
von vierzig Jahren ebenso aussehen wie solche von fünf-
zehn; das Alter läßt sich an den Zügen in keiner Weise
ablesen. Wer hingegen hier in England einem Pferd ins
Maul und einer Frau ins Gesicht sieht, weiß sogleich
beider Alter auf ein Jahr genau. Daher will ich Ihnen
Mittel an die Hand geben, die Ihren Teint, ohne ihn zu
zerstören – wie die Mehrzahl der Farben und anderer Er-
zeugnisse, die Sie im Gesicht auftragen – makellos und
vollkommen frisch erscheinen lassen, ihn vor allen Flek-

John Wilmot
Graf von Rochester
(1647–1680)

ken, Sommersprossen, Hitzebläschen und Pickeln be-
wahren, wie auch vor den Spuren der Blattern oder son-
stiger Krankheiten, so daß das Gesicht weder entstellt
noch verunstaltet wirkt.

Ich will auch Ihre Zähne reinigen und dafür sorgen,
daß sie weiß bleiben und rund wie die Perlen; gelockerte
festige ich; Ihr Zahnfleisch bleibt heil und so rot wie Korallen; Ihre Lippen von der gleichen Farbe und so weich,
wie Sie es sich für Ihre rechtmäßigen Küsse nur wünschen können. «

Da sich der als Fr. Bends verkleidete Lord Rochester
glänzend auf das Naturell von Dienstboten verstand,
gelang es ihm, sie in großer Zahl um sich zu scharen.
Sie wiederum berichteten ihren Herrschaften über den
geheimnisvollen und tüchtigen Fremden, und so hatte
er schon bald eine große Klientel, die er weitgehend
insgeheim beriet. Einmal holte Miss Jennings, die
Schwester der bedeutenden und schrecklichen Herzogin von Marlborough zusammen mit der schönen Miss
Price seinen Rat ein, wobei sie sich als Apfelsinenver-
käuferinnen verkleideten. Ihnen ging es aber nicht etwa
um das letzte Tüpfelchen auf dem I ihrer Schönheit – er
sollte ihnen die Zukunft voraussagen. Ich weiß nicht,
wieviele gefährliche Angaben Lord Rochester ihnen im
Laufe ihrer von Anfällen vogelartigen Gekichers unter-
brochenen, unvorsichtigen Unterhaltungen zu entlok-
ken vermochte, doch sieht es ganz so aus, als hätte niemand je von ihrem Besuch erfahren, wäre es nicht zu
einem »unangenehmen Zwischenfall mit einem gewissen Brounker, Oberster Kammerherr beim Herzog
von York und Bruder des Viscount Brounker, Präsi-

dent der Königlichen Gesellschaft der Wissenschaften«
gekommen.

Den Kurpfuschern jener Zeit war es ebenso um die
Schönheit zu tun wie um die Heilung von Gebrechen.
So pflegte Dr. Thomas Rands, der seine Bretterbühne
in Moorfield errichtet hatte, zu fragen: »Gibt es unter
Euch eine alte Frau, die an Pickel-Pamplins leidet und
deren Haut für ihren Körper zu kurz ist? Seht, hier ist
mein ›Anti-pamphastisches Pulver‹ oder mein ›Hervor-
ragendes Carminisch‹, das allerlei treibende Dämpfe
entwickelt und Euch in kürzester Zeit zur Blüte der Gesundheit verhilft.

Sodann ist hier mein Balsamum Stobule Schwerti,
oder eine Salbe, die jegliche Schnittverletzung sowie eit-
rige und fressende Wunden heilt.

Nehmen wir an, ein ehrenwerter Mann unter Euch
habe sich mit Schwert, Pistole, Muskete, Spieß, am
Feuerbock oder Bratrost, an einer gläsernen Flasche
oder einem Tonkrug eine Verletzung oder Wunde zugefügt: Durch Anwendung dieses meines berühmten Bal-
sams ist er sogleich geheilt und braucht nicht umständ-
lich um den Wundarzt zu schicken ... Sodann habe ich
hier, meine Herren, mein ›Pirandos Tanhapon Tolos‹,
das ist der österreichische Name für das Wundermittel,
dessen ausgezeichnete Wirkung ich selbst kaum vollständig erfaßt habe. Es reinigt das Hirn von allen ver-
stopfenden zähen Säften, welche die Sinne aller alten
Jungfern benebeln. Es verwandelt in ihrem Leben und
ihrer Unterhaltung das Charatische in das Directische
und das Directische ins Indirectische. Man nehme morgens *jejuno stomacho* drei dieser Pillen in zwei Viertelmaß

Acqua gruella aufgelöst. Ich bin keiner von denen, die ihre Verdienste über Gebühr herausstreichen, nur weil sie auf einem Schecken reiten, aber meine Medizin hat ihren und meinen Ruhm allenthalben in Asien, Afrika, Europa und ganz Amerika verbreitet.«

Das Vogelgeflatter dieses Herrn hört auf, und nun kommt Mr. Charles Goodal aus dem Gasthof *Kutsche und Pferde* in der Physici-Gasse und preist lauthals seine überaus vortreffliche Rinde an: »Wie es der hochgelahrte Dr. Saffold in seinem unsterblichen Gedicht so trefflich ausgedrückt hat: ›Innerlich und äußerlich angewendet heilt sie unfehlbar Steine, Wassersucht und Gicht und beschleunigt, ins Zahnfleisch gerieben, das Zahnen. Sie kuriert Zuckungen, Krätze, Botts Krankheit, Frostbeulen, rissige Fersen, Räude und Krämpfe, auch solche, die auf die Religion zurückgehen, Liebeskummer, Masern bei Schweinen und Christen wie auch die Schwatzsucht älterer Menschen; außerdem läßt sich aus ihr ein ausgezeichnetes Schönheitswasser herstellen.«

Bedauerlicherweise ist uns das Rezept verlorengegangen.

Der Freund und Waffenbruder dieses Herrn, Dr. Thomas Saffold, war seines Zeichens Weber, pries sich aber in Anzeigen als Dr. Thomas Saffold an, »approbierter und lizenzierter Physikus und Kundiger der Astrologie, der (durch Gottes Güte), um Gutes zu tun, nach wie vor im Londoner Gasthof *Schwarze Kugel und Lilienhaupt* wohnt, gleich neben den Federläden in der Gasse der Schwarzen Brüder, gegenüber der Pfarrkirche von Ludgate, dicht beim Stadtteil Ludgate«.

Dr. Saffold war der Erfinder der »Pillulae Londinen-
ses« oder »Londoner Pillen«, die alle vorstellbaren und
unvorstellbaren Leiden heilten. Doch just am Ende der
Anzeige scheint ihn eine weiche Stimmung überkom-
men zu haben, so daß er bestimmte Angehörige der
Bevölkerung zu verschonen beschloß. »Zu meiden sind
sie von Schwangeren«, mahnt er uns, »ansonsten sind
sie für alle Leiden und in allen Landstrichen anwendbar.
Sie halten sich so manches Jahr und wirken zu Wasser
wie zu Lande.«

Dr. Saffold war ein ergebener Jünger der Dichtkunst.
Hier ein Beispiel für das, was bei seinen Tändeleien mit
der Muse herausgekommen ist:

Liebe Freunde, Eure Krankheit sei, wie auch immer
                                          sie sei,
Betet zu Gott, sie zu heilen – ruft Saffold herbei,
Dessen Heilkunst liegt so offen am Tag,
Daß er jeden kuriert, wie er es nur mag.
Seine Mittel sind billig und wahrlich gut
Und nutzen wie's Euch tagaus tagein die Nahrung tut.
Durch wahre Astrologie oder Ärztliches Wissen
Vermag Saffold, was niemand mehr mag missen.
Seine vortrefflichen Pulver, Pillen und Mixturen
Preisen täglich ihn lauter, fügen Kuren zu Kuren!
Bester Landmann, ich bitt dich, sei klug und erprobe
Wenn ihn andere schmähen, ob nicht eher zum Lobe
Ihm gereicht, was er tut, trau den eigenen Augen!
Kein rechtschaffener, aufrechter Mann wird glauben,
Was andere sagen, läßt nicht das Urteil sich rauben.

Doch Dr. Saffold verschied, und als er gestorben war,
verfaßte ein anderer Herr ein Gedicht von ähnlicher
Ärmlichkeit als Grabspruch für Dr. Saffold. Es lautet:

> Hier ruht Thomas Saffold, den der Tod ereilte,
> Wiewohl er als Medikus einst auf Erden weilte.
> Das Handwerk des Webers er fahren ließ
> Und sich voll Eifer der Heilkunst befliß,
> Auch als Poet versuchte er sich –
> Nicht ohne Erfolg – bescheidentlich.
> Da er noch lebte, es sündhaft ihm schien,
> Der Welt zu verhehlen, was Gott uns gab.
> Nun birgt den (Dichter) Arzt der Tod im Grab.

Ein wenig nach der Zeit des Dr. Saffold wurde Colonel
Dalmahoy, ein Kurpfuscher, der neben Liebestränken
auch Pülverchen vertrieb, mit denen man jedes Gebrechen heilen konnte, und der für sein imposantes Auftreten wie auch für seine prachtvolle Perücke berühmt
war, in diesen Versen gefeiert:

> Willst eine kostbare Perücke du sehen
> Und darunter den Träger stattlich stehen,
> Geh flugs nach Ludgate Hill, und: oi!
> Dort siehst du Colonel Dalmahoy.

Dann zog, außerhalb des Hyde Parks – jedoch hoff-
nungsvolle Blicke durch die Gitterstäbe auf die nach der
letzten Mode gekleideten Damen und Herren werfend –
Dr. Katterfelto neben seinem riesigen geisterhaften
schwarzen Reisewagen heran, der mit einer Vielzahl

schwarzer Katzen angefüllt war. Mit dem Daumen und einem langen flammenweißen Finger schnippte er Papierstückchen hinüber, die im träumerischen Sonnenlicht wie Schnee dahinschmolzen. Sie trugen Mitteilungen wie die nachstehenden, die dem *General Advertiser* vom 26. März 1782 entnommen wurden:

» Auf besonderen Wunsch vieler Angehöriger der ersten Adelsfamilien,

Wird am Heutigen Abend sowie Morgen im Museum des weiland Cox, in Spring Gardens, ein Sohn des weiland Obristen Katterfelto von den Totenkopfhusaren des Preußenkönigs dieselbe Art Vorstellung geben, wie er sie am Mittwoch, dem 13. März, unter großem Beifall vor zahlreichen ausländischen Gesandten gegeben hat.

Mr. Katterfelto hatte auf seinen Reisen die Ehre, unter großem Beifall vor der russischen Zarin, der ungarischen Königin, den Königen Preußens, Schwedens, Dänemarks und Polens aufzutreten; und seit er sich in London aufhält, haben ihn Angehörige der Königlichen Familie, viele ausländische Gesandte und eine große Zahl von Damen aus den ersten Kreisen beehrt.

Wunder, Wunder, Wunder, Wunder sind nunmehr mit Hilfe der Sonne und des von ihm kürzlich erfundenen Sonnenlichtmikroskops zu sehen; nie zuvor hat man solch wundersamen und erstaunlichen Anblick der Schöpfung gesehen und wird seiner auch nie wieder Zeuge werden.

Der Eintritt für den, der die wunderbaren Werke der Vorsehung schauen will, beträgt lediglich: vorn 3/-,[1] in

---

1 › 3/-‹ bedeutet › 3 Shilling‹.

den mittleren Reihen 2/–, hinten 1/–; nur heute und jeden Tag in dieser Woche von 8 Uhr morgens bis 6 Uhr nachmittags, im Hause Piccadilly Nr. 22.

Mr. Katterfeltos Vorträge umfassen die Gebiete des Magnetismus, der Philosophie, Mathematik, Optik, Pneumatik, Elektrik, Physik, Chemie, Hydraulik, Hydrostatik, Styangraphie sowie der Palenchie und der Caprimantischen Kunst.«

Die Woche, um die es ging, war vor jenem Sommertag seit vielen Jahren vergangen, doch Mr. Katterfelto warf einige weitere Botschaften in den Park.

»Mr. Katterfelto hat ebenso, durch langes Studium, endlich eine solche Vielfalt wunderbarer Experimente auf dem Gebiet der Natur- und Experimentalphilosophie sowie der Mathematik entdeckt, daß die Welt darüber staunen wird.

Der Apparat, den er erst vor wenigen Tagen fertiggestellt hat und der seinesgleichen in ganz Europa nicht findet, kann zusammen mit seinem weithin bewunderten neuen Sonnenlichtmikroskop täglich besichtigt werden.

Man wird die Insekten in den Hecken größer sehen denn je, und die Insekten, welche die letzte Influenza hervorgerufen haben, wird man so groß wie Vögel sehen, und in einem Wassertröpfchen von der Größe eines Stecknadelkopfes wird man mehr als 30 000 Insekten erblicken, ebenfalls in Bier, Milch, Essig, Blut, Käse usw., auch wird man viele überraschende Insekten in verschiedenen Gemüsen und mehr als zweihundert anderen unbelebten Gegenständen sehen.

N. B. Nach dem Vortrag des heutigen Abends wird er die verschiedensten Kniffe, die man bei Würfel- und Kartenspielen, dem Billard und an Pharo-Tischen anwenden kann, preisgeben, sowie Geheimnisse obskurer fernöstlicher Magie.«

Und hier eine weitere Anzeige: »Mr. Katterfelto wird heute und jeden Tag bis zum 22. März von 10 Uhr morgens bis 5 Uhr nachmittags seine Okkulten Geheimnisse zeigen, wie auch, sofern die Sonne scheint, sein neues verbessertes Sonnenlichtmikroskop, welches den König und die gesamte Königliche Familie in Erstaunen versetzt hat.«

Es sieht ganz so aus, als habe man etwa ein Jahr, nachdem diese Anzeige erschien, ungerechtfertigte Anwürfe gegen die Mr. Katterfelto liebste von all seinen schwarzen Katzen erhoben – sozusagen die Sultanin des Reisewagens – denn nachstehende Notiz erschien am 15. Mai 1783 im *General Advertiser* und wurde prompt durch das Parkgitter geschnippt:

Oberst Katterfelto

(offenbar hat er inzwischen den militärischen Rang seines berühmten Vaters ererbt) bedauert aufs tiefste, daß zahlreiche Menschen der Ansicht sind, er und seine berühmte Schwarze Katze seien Teufel. Dabei kommt es zu solchen Verdächtigungen ausschließlich durch seine verschiedenen wunderbaren und herausragenden Leistungen; er erhebt lediglich den Anspruch darauf, ein moralischer und gottesfürchtiger Philosoph zu sein, und er sagt, daß alle Menschen auf Erden in Finsternis

leben, so sie nicht die großartige, außergewöhnliche, erstaunliche, wunderbare und eindrucksvolle Vorführung
mittels des Sonnenlichtmikroskops zu sehen begehren,
obschon sie die Möglichkeit dazu haben.

Er wird am heutigen und jedem anderen Tag dieser
Woche von 8 Uhr morgens bis 5 Uhr nachmittags seine
verschiedenen neuen Okkulten Geheimnisse zeigen, die
den König und die gesamte Königliche Familie in Erstaunen versetzt haben; und sein Abendvortrag beginnt
heute und an jedem folgenden Tage pünktlich um 8 Uhr
– doch wird niemand später als 8 Uhr eingelassen; und
nach seinem Vortrag wird er zahlreiche neue Täuschun-
gen zeigen. Auch seine Schwarze Katze wird heute
abend im Hause Piccadilly Nr. 24 auftreten. Seine Vorführung des Sonnenlichtmikroskops hat ihm in jüngster Zeit äußerst lebhaften Zuspruch eingetragen; auch
seine großartige Schwarze Katze bei den abendlichen
Vorträgen. Aus Platzmangel konnten in letzter Zeit Tausende keinen Einlaß finden, und Katterfelto rechnet
durch sein Sonnenlichtmikroskop und seine erstauni-
che Schwarze Katze binnen Jahresfrist mit Einnahmen
von nicht weniger als über £ 30 000. «

Der unermüdliche Erb-Oberst scheint außerdem eine
Art Reib-Zündholz erfunden zu haben, von dem er behauptete, es sei »in einem Hause oder auf einem Schiff
über £ 20 000 wert, weil es das Leben vieler Menschen
zu retten vermag«. Außerdem sei es »für die Nation von
größerem Nutzen als 30 000 Ballons. Es liefert Feuer für
900 Kerzen, Pistolen oder Kanonen und versagt nie-
mals. Er verkauft außerdem den allerbesten festen, flüs-

sigen oder pulverförmigen Phosphor sowie Phosphor-
zündhölzer, Diamantkäfer[1] usw.«

Der geisterhafte Mr. Katterfelto hielt einen Augenblick inne und warf dann mit einer ersterbenden Handbewegung nachstehende Anzeige durch das Gitter im
Park:

»Der Preußenkönig hat den Befehl erteilt, daß sich
100 000 seiner besten Soldaten binnen vierundzwanzig
Stunden zum Abmarsch bereitzuhalten haben. Für diesen Fall müssen wir damit rechnen, daß sich der bekannte Philosoph Mr. Katterfelto, da er den Totenkopfhusaren angehört, genötigt sieht, früher als beabsichtigt
aus England abzureisen. Zuvor aber wird er noch eine
Vorstellung vor der Königlichen Familie geben.«

Mr. Katterfeltos Bewegung verschmolz mit dem
Sonnenlicht, doch jetzt erhob sich ein leichter Wind, der
zwischen den Blättern wie das Geräusch von Trommeln
und Pfeifen klang oder wie das Miauen hoher zwei-
schneidiger tauschriller Katzenstimmen, und bei diesem martialischen Klang zogen sich Mr. Katterfelto,
der riesige, geisterhafte schwarze Reisewagen und die
Vielzahl von Katzen mit einer Art mechanischer hypno-
tisierter Präzision in die Ferne zurück. Mr. Katterfelto
und sein Katzen-Regiment marschierten, kurz gesagt,
in den Krieg. Man hörte nie wieder von ihnen.

Bevor der Klang dieses geisterhaften katzenschrillen
Marsches, den der leichte Wind spielte, erstorben war,
tauchte ein weiterer Geist auf – ein noch früheres Ge-

---

[1] Damit dürfte ein südamerikanischer Käfer gemeint sein *(cuiculio entimus im-
perialis),* dessen Deckflügel mit glänzenden Punkten bedeckt sind).
[A. d. Ü.]

spenst, das man in den Jahren zwischen 1770 und 1780
über den Parkweg hätte reiten sehen können. Dieser
Geist mit Namen Dr. Martin Van Butchell trug einen
langen grauen Bart, hielt einen großen weißen Knochen
in der Hand und saß auf einem weißen Pony, das mit
purpurnen Flecken, groß wie Pfingstrosen, bemalt war.

Dieser gütige und wahrhaft unschuldige alte Herr
hatte folgende Anzeige in die *St. James' Chronicle* einrük-
ken lassen: – »Echte oder künstliche Zähne, von einem
einzelnen bis hin zu einem ganzen Gebiß, mit erstklassigen goldenen Zapfen oder Federn, werden schmerzlos
und ohne Zahnstümpfe zu ziehen, angebracht, überar-
beitet und befestigt. Zahnfleisch, Kiefer oder Gaumen
können nachgebildet werden.«

Dieses System hatte schon zuvor im Gefolge jener
erstklassigen goldenen Feder den Tod mit sich gebracht.
Der Tod war Dr. Van Butchell ohnehin vertraut, doch
waren Bewerber um Zähne dünn gesät gewesen, bis im
Januar 1775 Dr. Van Butchells Gattin verschied und er
ihren Leichnam, außerstande, den Gedanken an eine
Trennung von ihr zu ertragen, von den Wundärzten Dr.
William Hunter und Mr. Cruickshank hatte einbalsa-
mieren lassen. Anschließend wurde Mrs. Van Butchells
Mumie ehrfurchtsvoll in einen Kasten mit Vorhängen
und gläsernem Deckel gelegt und Besuchern als »Meine
liebe Entschlafene« vorgestellt.

Die Zahl derer, die sich aus reiner Neugier mit dem
Tod beschäftigten, wuchs derart an, daß sich Dr. Van
Butchell genötigt sah, folgende Anzeige in die *St.
James's Chronicle* vom 31. Oktober 1775 aufnehmen zu
lassen:

»Da Van Butchell nicht in unangenehmer Weise be-
helligt werden und überdies einige warmherzige Menschen davon überzeugen möchte, daß man sie falsch un-
terrichtet hat, teilt er den Neugierigen mit: Nur solche
Fremde dürfen seine einbalsamierte Gattin sehen, die
(persönlich durch einen Freund) eingeführt wurden,
und zwar täglich außer sonntags zwischen neun und
eins.«

Als sich Van Butchell schließlich mit einer anderen,
wacheren, Gattin vermählte, wurde die beständige Anwesenheit der ersten Mrs. Van Butchell zu einer Quelle
des Unfriedens und der häuslichen Zwietracht, so daß
sie aus der Gegenwart ihres Mannes verbannt wurde
und Staub nur noch Staub war.

Ein weiterer Quacksalber von anderer Art war Dr.
Graham, Eigentümer des Tempels der Gesundheit wie
des Hymenäischen Tempels. Jener ganz besonders un-
ausstehliche alte Herr veröffentlichte mehrere Bücher,
in denen er sein eigenes Loblied sang. Eines von ihnen,
mit dem Titel *Medical Transactions of the Temple of Health
in London* [Medizinische Berichte aus dem Tempel der
Gesundheit zu London] enthielt Listen der Heilungen,
die er in den Jahren 1781 und 1782 mit Hilfe seines Elektrischen Äthers, Ätherischen Nervenbalsams, Wieder-
herstellungsbalsams sowie seiner Kaiserpillen und Flüs-
sigen Ambra bewirkt hatte. Er fügt hinzu: »Flaschen,
die ursprünglich um eine Guinee[1] angepriesen und zu
diesem Preise verkauft wurden, sind jetzt um eine halbe
Guinee feil; die Halbguineenflasche wird um fünf Shil-

---

1 Der Gegenwert dieser Goldmünze war 21 Shilling, also ein Pfund und ein
Shilling. [A.d.Ü.]

Dr. James Graham
(1700–1799)
Karikatur aus
»Medical Transactions of the Temple of Health«

ling und drei Pence abgegeben; die zu fünf Shilling um zwei Shilling und sechs Pence und die zu zwei Shilling und sechs Pence um einen Shilling und drei Pence.«

Seiner eigenen Schilderung nach gab Dr. Graham Anlaß zu solchen Gefühlen der Dankbarkeit, daß eine Reihe von Damen Gedichte zu seinem Lobpreis verfaßten, und er liefert uns nachstehendes Muster für die Kunst, deren Gegenstand er war:

Akrostichon von der Hand einer Dame

O nimm den dir gebührenden Tribut entgegen,
Laß Dankeszähren mich zu Füßen dir legen.
Dürfte ich schweigen, wo man Gesundheit spendet,
Die höchste – reinste – reichste Gabe der Götter?
O Muse, sei mit rühmenden Strophen herabgesendet,
Preise jenen, der im Angesicht der Spötter
Großherzig, mit leichter Hand zu heilen weiß,
Und mit beispielloser Kunst, einem Gotte gleich.
Es segnen deine Gaben die Lahmen wie die Blinden,
Sie jubeln dir zu, da Heilung sie finden.
Ein Gott hat dich mit seiner Macht beschenkt,
In dir sich zu uns Sterblichen gesenkt.

Der Tempel der Gesundheit und des Hymenäus enthielt
ein ›Himmelsbett‹, für das Dr. Graham, seinen eigenen
Worten nach, £ 60 000 aufgewendet hatte. Die Wirkung
des Schlafs in diesem Bett war so wohltuend, daß Kin-
derlose, die es für eine Nacht mieteten – zum mäßigen
Tarif von £ 100 –, hinfort fruchtbar waren. Der Tempel
enthielt weitere Ruhelager, zwar keine Himmelsbetten,
wohl aber Magneto-Elektrische Betten. Von ihnen
konnte man eines für bloße £ 50 pro Nacht mieten,
denn obwohl Heilung in allen außer den hartnäckigsten
Fällen unfehlbar eintrat, ließ sich bei ihnen das Ergebnis
nicht – wie im Fall des Himmelsbettes – garantieren.

Jener äußerst kauzige alte Herr brachte in seiner Begeisterung für das Himmelsbett nachstehendes Titel-
blatt für eine Flugschrift über die Art seiner Einrichtung
heraus:

»Il Convito Amoroso
Oder Eine Seria-Comico-Philosophische
Vorlesung
Über die
Ursachen, Arten und Auswirkungen der Liebe und
Schönheit zu den Verschiedenen Zeiten des Menschli-
chen Daseins, bei Personen und Persönlichkeiten Weib-
lichen und Männlichen Geschlechts wie auch solchen
von Demi-Caractère; sowie zum Lobpreis der Genialen
und Fruchtbaren Einflüsse des Himmelsbettes.
Gehalten von Hebe Vesteria
Der Rosigen Göttin von Gesundheit und Jugend
Vom
Elektrischen Thron, in der
Großen Apollinischen Kammer
Des Hymenäischen Tempels zu London.

»Montag abend, den 25. November 1782, geboten
Venus, Cupido und Hymen einer begeisterten und
erlauchten Zuhörerschaft von nahe an dreihundert
Damen und Herren, in frohem Kreise das Fest Des
Wohllebens mitzufeiern, das aber durch das ebenso un-
verschämte wie unerwartete Eintreffen Ihrer Ehren, des
Hochwohlgeborenen Mida Ohngeschlecht just in dem
Augenblick unterbrochen wurde, als man sich an-
schickte, den Nachtisch aufzutragen.

Veröffentlicht auf den nachdrücklichen Wunsch zahl-
reicher Teilnehmer und um das ungeduldige und drän-
gende Verlangen Tausender von Adepten, hibernischer
wie britischer, zu befriedigen; der Cognoscenti; et de les
Amateurs des délices exquises de Vénus.«

*Dr. James Graham
bei einem Vortrag
in Edinburgh*

Beigegeben ist dem Ganzen eine Beschreibung der Außergewöhnlichen Art und Wirkung des Berühmten Himmelsbettes.

Als Göttin des Himmelsbettes amtierte, was durchaus angebracht war, Emma Lyons, später Lady Hamilton und Geliebte des Admirals Nelson.

So waren die Herren beschaffen, die es unternahmen, die körperlichen Leiden der Welt zu heilen; und nun sind auch sie in den gewaltigen Abfallhaufen der Welt gesunken und verlorengegangen: Nach ihnen machten sich jene bemerkbar, die sich unterfingen, durch den Geist zu heilen.

Die meisten von ihnen kleideten sich weniger bunt; aber auch sie schlugen mit ihren ungefiederten Schwingen, ihren schwarzen staubbedeckten Ärmeln, krähten eine Weile und waren verschwunden.

Hier kommt der arme Jack Adams mit seiner Bauchrednerstimme in seinem langen Nachtgewand, das aussieht wie ein Leichenhemd, eine Tabakpfeife im Gürtel. Jetzt steht er an einem Tisch, auf dem ein zerfetztes Buch und *Des Armen Robin Almanach* liegt. Ein Wandbord enthält eine Reihe von Büchern, ein anderes Knabenspielzeug aller Art, vor allem Kreisel, Schusser und eine kleine Trommel.

Ihm gegenüber befindet sich ein vornehm gekleideter Herr, der fünf Münzen darbietet; aus seinem Mund flattert ein Spruchband mit der Aufschrift: »Ist sie eine Prinzessin?« Damit ist Carleton gemeint, der sich der angeblichen deutschen Prinzessin vermählt hat.

Hinter ihm sieht man eine in Lumpen gehüllte Schlampe, aus deren Mund gleichfalls ein Spruchband

kommt. Es trägt die Aufschrift: »Könnt Ihr mir die Zukunft voraussagen, mein Herr?«

Jack Adams, der Astrologe und Geisterbeschwörer,
hat sich auf alle Zeiten einen Namen gemacht und findet
sich in Groses *Dictionary of the Vulgar Tongue* [Wörter-
buch der Volkssprache] wie folgt beschrieben: »Jack
Adams, ein Narr. Des Jack Adams Kirchspiel, Clerkenwell.«[1] Der Astrologe Partridge, der die Konstellation
für Adams Geburtsstunde berechnet hat, sagt, er sei am
3. Dezember 1625 um 11 Uhr abends zur Welt gekommen, und er sei so einfältig oder schwachköpfig gewesen, daß er unbedingt lange Gewänder mit Ärmeln tragen mußte, die ihm bis über die Hände reichten, damit
er nirgends anstieße und sich verletzte. Die Gemeinde
habe ihn nicht nur ernährt, sondern ihm auch eine Pfle-
gerin zur Seite gestellt, damit er nicht zu Schaden kam.
Das Armenpflegebuch von 1661 führt in einer Liste von
Empfängern regelmäßiger Zuwendungen – oder solcher Personen, die außerhalb des Hauses Hilfe erhielten
– als Empfänger einer Unterstützung von monatlich 16
Shilling »John Adams« auf.

Einst brachte man Jack Adam mitsamt seinem langen
Gewand ins Red Bull Theater, das im *Hof zum Roten
Stier* stand, heute Woodbridge Street. In einer Flug-
schrift mit dem Titel *The Wits, or Sport upon Sport* [Die
Klugen Köpfe, oder Spaß auf Spaß] heißt es: »In dem
Stück *Der Einfältige Schmied*, in dem der unvergleichli-
che Robert Cox mit einem großen Butterbrot auf die
Bühne kommt, habe ich erlebt, daß manche der Zu-

---

1 Der Londoner Stadtbezirk, aus dem Jack Adams stammte. [A.d.Ü.]

Red Bull Theatre (1672)
Rechts oben im Bild sieht man in der Rolle des Einfältigen
Robert Cox mit seinem großen Butterbrot

schauerinnen davon abbeißen wollten, und einmal hat
der wohlbekannte Einfaltspinsel Jack Adams aus Clerkenwell, als er ihn mit dem Butterbrot auf der Bühne
sah, zum großen Vergnügen der Zuhörer gerufen:
»Coz, Coz, gib mir was ab, gib mir was ab.«

Jack Adams war Geisterbeschwörer und Astrologe
und wird im Nachtrag zu Grangers *Biographical Dictionary* auf folgende wenig mitfühlende Weise beschrieben: »Jack Adams, Professor der Himmelswissenschaf-
ten in Clerkenwell Green, war ein blinder Bussard, der
Adleraugen zu besitzen behauptete. Er beschäftigte sich
vorwiegend mit Auskünften über für Liebe und Heirat
günstige Stunden und wußte zur rechten Gelegenheit
den Erwartungen jener zu schmeicheln, die ihn befrag-
ten. So wurde beispielsweise einem Mann, der ihm fünf
Guineen gab, ein weit besseres Geschick geweissagt als
einem, von dem er die gleiche Anzahl an Shillingen bekam. Er kleidete sich in außergewöhnlicher Weise und
stellte mit großer Feierlichkeit Horoskope. Versagten
seine Voraussagen, erklärte er, daß die Sterne den Gang
der Dinge nicht wirklich bestimmen, sondern nur mit
großer Macht beeinflussen, und schob die Schuld auf
das unzuverlässige und launische Geschick. Er stellte
sich als gelehrten und klugen Mann hin; doch bestand
seine Klugheit lediglich in der Fähigkeit, die leichtgläu-
bigen Sterblichen hinters Licht zu führen, deren Bereit-
schaft betrogen zu werden ebenso groß war, wie die
seine, sie zu betrügen, und die seiner Kunst blind ver-
trauten.«

Den Jesuitenmissionar Paleotti, der eine Abhandlung
des Inhalts verfaßt hat, daß Amerikas Ureinwohner

ohne Hoffnung auf Erlösung zu ewiger Verdammnis
verurteilt seien, da es sich bei ihnen um die Nachkom-
men einer Buhlschaft des Teufels mit einer von Noahs
Töchtern handele – ihn können wir, so hilfreich er war,
leider nicht unter unsere Helden zählen, und über Bax-
ter, den Verfasser von *Hooks and Eyes for Believers' Bree-
ches* [Haken und Ösen für der Gläubigen Kniehosen],
weiß ich nichts.

Doch ein weiterer Herr von derselben Beschaffen-
heit war Mr. T. Spence, der zu Anfang des neunzehnten
Jahrhunderts lebte und allem Anschein nach dem Gewerbe eines reisenden Buchverkäufers nachging. Er
gründete eine Sekte, zwar nur eine kleine Schar, die
aber glühend im Glauben der Überzeugung war, daß
»alle Menschen von Natur aus und vor dem Gesetze
gleich« seien und »ihnen ein beständiger und unbe-
streitbarer Eigentumsanteil an der Erde und dem auf
ihr von der Natur Hervorgebrachten« zustehe. Daher
habe »jeder Mann, jede Frau und jedes Kind, ob ehelich
oder nicht (denn der Natur wie der Gerechtigkeit ist der
Begriff Illegitimität fremd) vierteljährlich Anspruch
auf einen gleichgroßen Anteil an den Miet- und Zins-
einnahmen des Kirchspiels, in dem sie wohnen«. Außer diesen Lehren vertrat Mr. Spence die Ansicht, jeder
fünfte Tag müsse ein Sabbat sein; allerdings fügte er
hinzu, dieser solle dem Ausruhen und dem Vergnügen
dienen, nicht aber der Langeweile und dem Trübsinn,
die bis dahin als unabdingbarer Teil der Verehrung der
Gottheit galten. Als Ergebnis dieser Lehren wurde
diese unterhaltsame und liebenswürdige, wenn auch zu
kindliche, Persönlichkeit streng bestraft. So verurteilte

ihn im Jahre 1801 ein entsetzter Polizeirichter wegen
der Veröffentlichung jener »aufwieglerischen Verunglimpfung«, mit der er diese Lehren verbreitete, zu einer Geldstrafe von £ 50 sowie einem Jahr Haft. Die
»aufwieglerische Verunglimpfung« trug den Titel
Spence's Restoration of Society [Die Wiederherstellung
der Gesellschaft durch Spence]. Der Verfasser starb im
Oktober 1814.

Der 1774 als Sohn eines Tagelöhners auf die Welt ge-
kommene spätere Kohlenträger und Prediger Mr. William Huntington war ein gänzlich anders gearteter
Herr, hatte er doch in jeder Hinsicht ein geradezu naives
Vertrauen zu etwas, wovon er sich große Einnahmen
versprach. Dabei ging es um eine Investition, noch dazu
um eine mündelsichere. Er erklärte: »Gottes Zusiche-
rungen sind die Banknoten des Christen, und ein
Mensch voll lebendigen Glaubens holt stets beim
himmlischen Bankier, was er braucht. So wird der
Geist des Gebets wie auch ein tief empfundenes Gefühl
für das, wessen wir bedürfen, dem Erben des göttlichen
Versprechens unbegrenztes kindliches Vertrauen zur un-
erschöpflichen Himmelsbank geben.«

In der Tat scheinen die Mittel jenes Instituts uner-
schöpflich gewesen zu sein, und Mr. Huntington zö-
gerte nicht, sie zu nutzen. Mr. Timbs, den man nicht zu
seinen Bewunderern zählen kann, erklärt: »Er lebte in
diesem Stil sieben oder acht Jahre lang, ohne in der Tat
über das Morgen nachzudenken. Er traf dafür keine anderen Vorkehrungen, als daß er stets klar zu erkennen
gab, worauf sich sein Gebet jeweils richtete und in
welche allgemeine Richtung es zielte, wo dem Unein-

geweihten gegenüber ein Wort genügt hätte. Da er an vielen Orten gebraucht wurde und ihm, der das Evangelium weithin predigte, viele Türen offen standen, liebäugelt er mit dem Besitz eines Pferdes, wollte endlich gern eines haben und begann schließlich, darum zu beten. »Ich bediente mich meiner Gebete«, sagte er, »wie Kanoniere ihrer Drehgestelle, wandte sie täglich hierhin und dorthin, wie es der jeweilige Fall erforderte«. Bevor der Tag herum war, bekam er sein Pferd geschenkt; seine Gemeinde hatte eine Geldsammlung durchgeführt, um es kaufen zu können. Für den Unterhalt des Tieres sollte er selbst aufkommen, aber was sagt man? »Ich teilte Gott mit«, ließ er sich vernehmen, »daß ich für meinen Glauben mehr zu tun hätte denn zuvor; und der Unterhalt für das Pferd werde halb so viel kosten wie der meiner ganzen Familie. Als Antwort kam mir mit Macht und als Trost nachstehender Schrifttext in den Sinn: ›Weile im Lande und tue Gutes, und wahrlich, du wirst deine Nahrung finden.‹ Das war eine Banknote, die meinem Glauben in die Hand gegeben ward. Sie konnte ich Gott vorlegen, so ich arm würde; er würde sie einlösen, und so lebte ich und hatte auch dann noch mein Auskommen wie zuvor, als ich mein Pferd unterhalten mußte.«

Huntington war kein gewöhnlicher Mann. Der bemerkenswerte Umstand, durch den er zu einem bestimmten Teil seiner Kleidung kam, ist in mehreren Büchern berichtet worden.

»Nachdem ich nun«, sagt Huntington, »seit einer Weile mein Pferd hatte und jede Woche viel ritt, verschliß ich schon bald meine Beinkleider, alldieweil sie

zum Reiten ungeeignet waren. Ich hoffe, mein Leser
wird mir den Gebrauch des Wortes Beinkleider nachse-
hen, das ich auch vermieden hätte, wäre ich nicht auf
nachfolgende Stelle der Schrift verfallen, gerade als ich
zu dem Ergebnis gekommen war, diese gütige Vorsehung Gottes nicht zu erwähnen. ›Und sollst ihnen lei-
nene Beinkleider machen, die Blöße zu bedecken, von
den Lenden bis an die Hüften. Und Aaron und seine
Söhne sollen sie tragen ... zum Dienst am Heiligtum,
damit sie keine Schuld auf sich laden und nicht sterben
müssen. Das sei eine ewige Ordnung für ihn und seinen
Samen nach ihm!‹ Aus dieser Stelle im 2. Buch Mose
XXVII, 42, 43 und drei weiteren, nämlich im 3. Buch
Mose VI, 10, XVI, 4 sowie in Hesekiel XLIV, 18, ersah ich,
daß es weder strafwürdig ist, das Wort Beinkleider zu
benutzen, noch die Art zu erwähnen, in der Gott sie mir
gesandt hat. Wurden doch Aaron und seine Söhne gänzlich von der Vorsehung gekleidet, und hat Gott selbst
sich herabgelassen, Anweisungen zu erteilen, woraus
sie herzustellen und wie sie zuzuschneiden seien. Ich
glaube fest, daß derselbe Gott die meinen in Auftrag gegeben hat, was aus der nachstehenden Geschichte deutlich wird, wie ich denke.

Die Schrift heißt uns, niemanden außer Jesus Meister
zu nennen; denn Meister ist nur einer. So teilte ich meinem überaus freigebigen und stets angebeteten Meister
mit, was mein Begehr war, und er, der Adam und Eva
ihrer Feigenblattschürze entkleidete und sie mit Fellen
kleidete; er, der das Gras auf der Wiese kleidet, das heute
blüht und morgen dem Feuer überantwortet wird, muß
uns kleiden, weil wir sonst nackt gingen; wie es die Kin-

der Israels gewahr wurden, als er ihnen seine Wolle und seinen Flachs fortnahm, die er ihnen gegeben hatte, ihre Blöße zu bedecken, weil sie sie Baal darbrachten; wegen welcher Sünde ihnen die Säume aufgedeckt und die Fersen entblößt wurden. Jeremia XIII, 22.

Ich bat häufig in meinen Gebeten an meinen unschätzbaren Meister dringlich um diese Gunst; doch hielt er mich stets so außerordentlich arm, daß ich die Beinkleider keineswegs bekommen konnte. Zu guter Letzt entschloß ich mich, zu einem Freund nach Kingston zu gehen, der in jener Zunft tätig ist, um ein Paar in Auftrag zu geben und ihn zu bitten, er möge mir trauen, bis mir mein Meister das Geld schicke, ihn zu bezahlen. Ich war an jenem Tage, da ich mich entschlossen hatte, den Auftrag zu erteilen, zu Pferd auf dem Weg durch jene Stadt nach London. Als ich am Laden des Mannes vorüberkam, vergaß ich mein Vorhaben, doch in London ging ich zu Mr. Croucher, der Schuhmacher in Shepherd's Market ist. Dieser sagte mir, es sei für mich ein Paket abgegeben worden, doch kenne er dessen Inhalt nicht. Ich öffnete es, und siehe, es enthielt ein Paar lederne Beinkleider, sowie eine Mitteilung, die dem Sinne nach, so weit ich mich erinnern kann, hieß: ›Mein Herr, ich schicke Euch ein Paar Beinkleider und hoffe, daß sie passen. Ich bitte Euch, sie anzunehmen. So sie der Änderung bedürfen, teilt mir auf einem Zettel mit, in welcher Weise sie geändert werden sollen, und ich werde in einigen Tagen vorbeikommen und sie ändern.   I. L. ‹

Ich probierte sie an, und sie saßen so gut, als hätte man mir dazu Maß genommen. Darob war ich höchlich

erstaunt, denn niemand, der in London lederne Beinkleider verfertigt, hatte mir je Maß genommen. So
schrieb ich eine Antwort auf die Mitteilung, etwa wie
folgt: ›Mein Herr, ich empfing Euer Geschenk und
danke Euch dafür. Ich hatte die Absicht, mir ein Paar lederne Beinkleider anmessen zu lassen, da ich bisher
nicht wußte, daß mein Meister bereits solche bei Euch
in Auftrag gegeben hatte. Sie passen ausgezeichnet, und
das erfüllt mich mit der festen Überzeugung, daß derselbe Gott, der Euer Herz gerührt hat zu geben, auch
Eure Hand gelenkt hat zu schneiden; denn er kennt
meine Größe wohl, hat er mich doch schon an die fünf
Jahre in wunderbarer Weise gekleidet. Wenn Ihr je in
Not seid, mein Herr, so hoffe ich, daß Ihr es meinem
Meister berichtet wie auch, was Ihr für mich getan habt,
und er wird es Euch mit Ehren lohnen.‹

Genauer vermag ich es nicht wiederzugeben. Ich
fügte noch hinzu: ›Ich kann I. L. nicht enträtseln, es sei
denn, ich setzte I für Israelitisch und L für Lauterkeit,
denn Ihr habt Eure Güte nicht mit Fanfarenstößen begleitet, wie es die Heuchler tun‹.«

Dies Vorgehen Huntingtons, das darin bestand, seine
täglichen Bedürfnisse mit Gebeten zu decken, die er
durch Hinweise an geeigneter Stelle und zur rechten
Zeit unterstützte, funktionierte so glänzend, daß er
schon bald in den Besitz eines Bettes, eines Teppichs,
zweier neuen Decken, eines Paars Schaflederhand-
schuhe und eines Reitmantels gelangte; und wann immer er neuer Kleidung bedurfte, fand sich ein Almosen-
pfleger der Bank des Glaubens, der sie ihm beschaffte.
Seine Gattin wies er an, ihre Bedürfnisse auf dieselbe

einfache und bewährte Art zu befriedigen. Kleidungs-
stücke kamen wie gewünscht, Körbe mit Speck und
Käse, gelegentlich ein großer Schinken wie auch zuwei-
len die eine oder andere Guinee. All das nannte Huntington kostbare Gebetserhörungen.

Nun aber kam es zu einigen unangenehmen Enthüllungen, und er wurde des Aufenthaltes in der engen
Kleinstadt Ditton an der Themse müde. Er hatte zur
rechten Zeit eine Vision und wünschte sich insgeheim,
Gott möge ihn von dort fortbringen. Da London der
Ort war, an dem er mit Fug und Recht vermuten durfte,
mit weniger Arbeit besser essen zu können, wurde ihm
»mit einem Mal klar, daß er Thames Ditton verlassen
und ein Haus in der großen Metropole nehmen müsse,
wo es eine größere Zahl von Zuhörern gab, und daß das
der Sinn der Worte gewesen sei, die in seiner Vision zu
ihm gesagt worden waren.« Es sieht ganz so aus, als sei
die große Metropole lediglich eine weitere Zweigstelle
der Himmelsbank gewesen. Immerhin gehörte inzwischen zu all dem, was Mr. Huntington bei ihr abgeho-
ben hatte, ohne daß sein Konto eine Deckung aufwies,
neben den oben genannten Gegenständen: ein Kirchlein,
Schlafzimmermöbel, ein Spiegel, ein Kanzelkissen, eine
sehr große Bibel und eine wohlgefüllte Teekiste.

Zweifellos schien die Vorsehung auf Mr. Huntingtons Seite zu sein, denn als eine gewisse Mrs. Bull mit
ihren frommen Aufmerksamkeiten zu aufdringlich
wurde und er ihr als Antwort auf ihre bei weitem zu
zahlreichen Briefe mitteilte, daß ihm weder ihr Kopfputz noch ihre lachhaften Bänder noch ihre erste, zweite
oder dritte Lockenreihe behage, und »ein wenig mehr

Arbeit am Herdfeuer werde sie lehren, ihre unnützen Toppsegel einzuholen«, kam ihm die Vorsehung mit Nachdruck zu Hilfe. Mrs. Bull, die im Begriff stand, ihm einen – statt zu liebenswürdigen – zu herben Brief zu schreiben, schlief, ihrer eigenen Darstellung nach, »beim Licht ein, als ich gerade in der Bibel las. Die Kerzenflamme erfaßte den Flügel meiner Haube wie auch einen großen Teil meines Haares, und ich schulde größten Dank, daß ich nicht selbst verzehrt ward. So dürft Ihr gewiß sein, an mir nie wieder Bänder, Locken oder Toppsegel zu Gesicht zu bekommen«.

Bleibt noch zu sagen, daß Mr. Huntington zeitgenössischen Aussagen zufolge von bemerkenswerter und beunruhigender Beredsamkeit war und seine Predigten mit Mahnungen spickte wie: »Gebt acht auf Eure Taschen! Weckt den schnarchenden Sünder dort! Bringt den lärmenden Dummkopf zum Schweigen! Setzt mir den betrunkenen Hund vor die Tür!« Der zeitgenössische Berichterstatter fügt hinzu, daß er ein »Von ihm vorgebrachtes Argument nachdrücklich zu verstärken pflegte, indem er sagte: ›Ihr könnt nichts dagegen unternehmen; so wird es denn geschehen, ob Ihr es wollt oder nicht.‹ Er sagt das mit einem überaus bedeutungsvollen Kopfschütteln und voll verachtungsvoller Würde ganz von oben herab.«

Im Laufe der Jahre überschüttete ihn die Bank immer mehr mit Schätzen: einem Haus auf dem Lande, einem mit Tieren reich bestückten Bauernhof, einem Zweispänner samt Pferden, dem Tod seiner ersten Gattin sowie einer zweiten in Gestalt Lady Sandersons, der Witwe des Londoner Bürgermeisters, die er durch seine

Gebete errang. Mr. und Mrs. Baker aus der Oxford
Street gehörten offenbar zu den leitenden Angestellten
jener Bank, denn Mr. Huntington versicherte seinen
Bewunderern, jene hätten ihn, »obschon schmerzlich
heimgesucht von verschiedenen geschäftlichen Verlu-
sten, Konkurs und zahlungsunwilligen Schuldnern, immer, wenn er dessen bedurfte, mit Geld versorgt. Sofern auch nur ein Shilling im Hause war, während die
kleine Kirche entstand, zu deren Bau ständig Geld nötig
war, bekam ich ihn gewiß.«

Mr. Huntington starb 1813 in Tunbridge Wells und
wurde unter einem Stein mit dem nachstehenden, von
ihm selbst verfaßten, Grabspruch beigesetzt:

> Hier ruht der Kohlenträger,
> Von Gott geliebt, doch von Menschen gehaßt;
> Der Allwissende Richter wird das beim Großen Gericht
> Zur Bestürzung vieler tausend
> Richtigstellen und bekräftigen;
> Denn England und seine Metropole sollen es wissen:
> Unter ihnen wandelte
> Ein Prophet.

Doch nicht alle haßten ihn: Das mochte für die Männer
gelten, doch gewiß nicht für die Frauen. Sie schätzten
ihn so sehr, daß sie nach seinem Tode in Scharen die
»elegant eingerichtete Villa« aufsuchten, welche ihm
die wohltätige und, wie man annehmen muß, kurzsich-
tige Himmelsbank zur Verfügung gestellt hatte, um unvorstellbar hohe Beträge für Krimskrams zu zahlen, der
in ihnen das Andenken an ihren geliebten Prediger

wachzuhalten vermochte. »Ein gewöhnliches Brillen-
etui«, erfahren wir, »erlöste sieben Guineen, ein alter
Lehnsessel, kaum mehr als fünfzig Shilling wert, wurde
um sechzig Guineen verkauft, und zahlreiche andere
Gegenstände erzielten ähnlich übertriebene Preise, so
heftig waren die verblendeten ihm huldigenden Damen
auf ein kostbares Erinnerungsstück an diesen wahrhaft
durchtriebenen Eiferer versessen.« Mr. Pink, der nicht
mehr unter uns weilt, sagt bei seiner Beschreibung von
Huntingtons Porträt in der *History of Clerkenwell*: »Soweit sich dem Äußeren nach urteilen läßt, könnte er als
Sträfling durchgehen, nur sieht er zu eingebildet drein.
Der Anblick der Vitalität und Kraft seiner Konstitution
ist furchteinflößend, und sicherlich erweckt er den Anschein, daß er sich eher zum Kohlenträger eignete als
für die religiöse Redekunst.«

Wie schade, daß dies Buch, das sich auf englische Exzentriker beschränkt, keinen Platz für eine Lobrede auf
Brigham Young bietet, jenen Wohltäter der Menschheit
und alleredelsten Beschützer weiblicher Tugend. In das
Leben wievieler Einsamer trug er romantischen Zauber
und Glück, von der Gewißheit gerechtfertigt, daß er
seine ziemlich allgegenwärtige Zuneigung Gottes Ge-
bot gehorchend wahllos um sich herum verstreute. Mr.
Brigham Youngs Familienleben war ein Muster an
Reinheit, und seinen Abkömmlingen war nicht die geringste Lockerheit gestattet. Eine seiner zahllosen Töchter, Mrs. Susan Young Yates (auch diese Angaben ent-
nehme ich den Seiten von Miss Bartons und Sir Osbert
Sitwells *Sober Truth* [Nüchterne Wahrheit]), zollt diesem
zwar strengen aber glücklichen Leben edlen Tribut:

Brigham Young (1801 – 1877)
Der Präsident der Mormonen
im Kreise seiner betenden Frauen

»Wie angenehm«, begeistert sie sich, »waren die Zeiten
des Abendgebets, da beim Klang der Gebetsglocke zehn
oder zwölf Mütter mit ihrer Kinderschar aus allen Win-
keln des geräumigen und anheimelnden altmodischen
Hauses hervorströmten.

Bisweilen wurden die Mädchen nach dem Gebet aufgefordert zu singen und zu musizieren, zumal sonntagabends, oder wir alle stimmten in ein Kirchenlied mit
ein. Vater küßte die Kinder und wiegte einen Säugling
auf den Knien. Da er dies Tun mit einem »Plinke-dude-
leidel-idel-udel« untermalte, rief er bei dem Kind groß-

*Das Haus
von Brigham Young
in Salt Lake City*

äugiges Erstaunen ob des sonderbaren Geräusches hervor; dann wurde gute Nacht gesagt, und wir gingen alle auseinander.«

Als die Mädchen »heranwuchsen«, erschienen selbstverständlich junge Männer auf der Bildfläche, die ihnen den Hof machten. Das langgezogene Wohnzimmer, das zugleich Gebetsraum, Empfangs- und Musiksalon sowie die gute Stube des Hauses war, füllte sich an Sonntagabenden gewöhnlich mit einer stillvergnügten Schar junger Frauen und ihrer »Kavaliere«. Musik und Gelächter, Scherzworte und schlagfertige Antworten füllten den Abend an, bis es zehn schlug. Diejenigen der jungen Leute, die noch nicht voneinander Abschied genommen hatten, mußten verdutzt feststellen, daß plötzlich der Vorsteher mit Hüten jeglicher Form und Größe auftauchte; jeder der jungen Männer wurde höflich und freundlich aufgefordert, den seinen zu nehmen, und die Verabschiedung erfolgte in betretener Eile.

»Eines Abends waren wohl an die acht oder zehn Paare anwesend, von denen die meisten bereits miteinander verlobt waren. Nun konnte keinesfalls die Rede davon sein, daß sie auf der Straße herumgingen, so daß das Wohnzimmer die einzige Möglichkeit bot, einander zu treffen. Das nun war äußerst unbefriedigend für einen schmachtenden Jüngling, trachtete er doch danach, der Angebeteten möglichst süße Liebesworte zuzuwispern oder gar verstohlen einen Arm um sie zu legen. Nie habe ich erfahren, von wem die Anregung stammte, doch wurde im Laufe eines Sonntagabends der Docht der einzigen großen Lampe, die in der Mitte des Tisches stand, um eine Idee heruntergedreht und sie in dichter Reihe mit einer kleinen Heerschar von Büchern umgeben.

Ganz reizend, zweifellos. Doch trug irgendein Lüftchen einen Hauch von dem, was dort im Wohnzimmer vor sich ging, ans Ohr des Vorstehers. Weniger als eine Viertelstunde hatte man das angenehme Dämmerlicht genossen, als sich die Wohnzimmertür leise öffnete und Vater, die brennende Kerze in der Hand, auf der Schwelle stand. Stumm trat er langsamen und bedächtigen Schrittes auf das erste Paar zu, hielt den beiden die Kerze vors Gesicht und sah sie scharf an. Nun kam das nächste Paar an die Reihe, er wiederholte seine gründliche Prüfung, und so ging es weiter, bis er die Runde durch das Zimmer gemacht hatte. Ohne ein Wort zu sagen, nahm er die Bücher des Anstoßes vom Tisch, stellte sie gemessen wieder an ihren Platz, drehte die Flamme der Lampe zu voller Helligkeit und verließ schweigend wieder das Zimmer.«

Mr. Thomas Lake Harris und sein getreuer Jünger Mr. Laurence Oliphant waren zwei weitere Herren, die Mr. Brigham Young in jeder Hinsicht, ausgenommen dessen Gabe der öffentlichen Häuslichkeit und der sorgfältigen Behütung seiner Töchter, gleichkamen.

Diesem Mr. Harris, der 1823 in England zur Welt kam und von seinen Eltern, als er fünf Jahre alt war, mit nach Amerika genommen wurde, lachte insofern das Glück in besonderem Maße, als er wie auch der ebenso geschäfstüchtige, auf die Gründung eines Unternehmens zur Errettung der Seelen erpichte Mr. J. L. Scott erfuhren, daß ihre gemeinsame gute Bekannte Ira S. Hitchcock nicht nur Mountain Cove im amerikanischen Bundesstaat Virginia als den Ort entdeckt habe, an dem einst der Garten Eden lag – ihr sei überdies offenbart worden, daß allein dies Fleckchen Erde mitsamt seinen Bewohnern vor den Erschütterungen bewahrt bleiben werde, die schon bald die übrige Welt zerstören sollten. Und so machte sich die Firma Scott, Hitchcock & Harris mit mehr als hundert Gefolgsleuten daran, an jenem geheiligten Ort eine Gemeinschaft zu gründen. Zum Glück besaßen sie alle ein wenig Geld, das ihre Anführer »treuhänderisch für den Herrn« mit Beschlag belegt hatten. Da unseligerweise die Verlautbarungen des

Himmels in außerordentlichem Maße durcheinander gebracht wurden, kam es dahin, daß die dem einen der Anführer diktierten Anweisungen in krassem Widerspruch zu denen standen, die der andere empfangen hatte. Das führte zu einer Reihe äußerst ungeistlicher Auseinandersetzungen, bei der die auf der Seite des einen Propheten stehenden Gefolgsleute die seines Widersachers bekriegten, so daß schließlich, wie Mrs. Ray Strachey in ihrem Buch *Religious Fanaticism* [Religiöser Fanatismus] erklärt: »die Schlange erneut den Sieg davontrug und die dunkle Wolke des Todes sich auf das herabsenkte, was die Unvergängliche Stadt hätte werden sollen.«

Der Garten Eden wurde aufgelöst, und Mr. Harris, der glücklicherweise nicht mittellos war, da er zahlreiche Besitztümer treuhänderisch für den Herrn verwaltete, gründete eine neue Sekte, die als Gemeinde Christlicher Spiritualismus bekannt wurde, sowie eine neue Siedlung in Brocton, Salem am Erie, im Staate New York. Es dürfte nicht unangebracht sein, diesen Herrn zu schildern, da er sich nach seinem Hinscheiden seinem Jünger Laurence Oliphant zeigte, der in *Masollam* seine Beschreibung liefert.

»An Mr. Masollams Bewegungen war ein bemerkenswerter Wechsel von Lebhaftigkeit und Bedächtigkeit zu beobachten. Seine Stimme besaß zwei verschiedene Tonlagen, so daß es, wenn er von der einen zur anderen überging, klang, als sei die eine das ferne Echo der anderen – eine Art bauchrednerisches Phänomen, darauf berechnet, den Nerven der Zuhörer einen plötzlichen und

keineswegs angenehmen Schock zuzufügen. Sprach er
mit seiner ›nahen‹ Stimme, wie ich sie einmal nennen
möchte, war er im allgemeinen rasch und lebhaft; ver-
tauschte er diese mit der ›fernen‹ Stimme, wirkte er
feierlich und eindrucksvoll. Zwar war sein einst raben-
schwarzes Haar inzwischen von grauen Strähnen durch-
zogen, aber es war nach wie vor so dicht, daß es ihm
schwer über die Ohren bis beinahe auf die Schultern fiel
und seinem Aussehen etwas Löwenhaftes gab. Bu-
schige Brauen überdachten seine Augen, die wie zwei
Lichter in einer finsteren Höhle hierhin und dorthin
leuchteten. Stoßweise schienen von ihnen Blitze auszu-
gehen, worauf sie wieder jeglichen Ausdruck verloren.
Wie seine Stimme verfügten sie jeweils über einen
›nahen‹ und einen ›fernen‹ Ausdruck, und er konnte sie,
wie ein Teleskop, auf die gewünschte Brennweite ein-
stellen. Dabei wurden sie immer kleiner, als wolle er
seinen Blick über die Grenzen der natürlichen Sicht hinaus richten. Bei solchen Gelegenheiten waren seine Augen so sehr bar aller Wahrnehmung dessen, was um ihn
herum vorging, daß er nahezu blind wirkte. Dann änderte sich die Brennweite unversehens, die Pupille er-
weiterte sich, und wie aus einer Gewitterwolke stießen
Blitzstrahlen hervor. Dabei breitete sich auf seinem
Antlitz, das sogleich auf diesen Reiz zu reagieren schien,
ein unerwartetes und erstaunliches Leuchten aus. Sein
Gesicht, dessen oberen Teil man als überraschend gut-
aussehend hätte bezeichnen können, wenn die Augen
nicht allzu tief in ihren Höhlen gelegen hätten, sah ent-
schieden semitisch aus; und im Ruhezustand erweckte
es in seiner erstarrten Reglosigkeit den Eindruck einer

Statue. Den Mund verbargen zum Teil ein mächtiger
Schnauzbart und ein langer eisengrauer Bart, doch
beim Übergang vom Zustand der Ruhe zum Zustand
der Belebtheit legte er eine ungewöhnliche Beweglich-
keit jener Muskeln an den Tag, die noch einen Augenblick zuvor so leblos gewirkt hatten, und der gesamte
Ausdruck des Gesichts änderte sich so unvermittelt wie
jener der Augen. Es würde wohl ein zu neugieriges Eindringen in die Geheimnisse der Natur bedeuten, auf jeden Fall aber in die von Mr. Masollams Natur, wollte
man erkunden, ob dieses Aufleuchten und Verdunkeln
seiner Miene willentlich erfolgte oder nicht. In geringerem Maße ist es eine uns allen gemeinsame Erscheinung; manche Empfindungen lassen einen Menschen in
ihrem Zusammenspiel grob gesagt finster, andere wiederum strahlend erscheinen.

Das Besondere an Mr. Masollam nun bestand darin,
daß er deutlich düsterer und heller auszusehen vermochte als andere Menschen wie auch, daß der Wechsel
von einem Ausdruck zum anderen so ungewöhnlich
rasch und eindringlich erfolgte, daß man eine Art Ta-
schenspielertrick des Gesichts zu sehen glaubte und unwillkürlich mutmaßte, es handele sich um eine erlernte
Fertigkeit. Noch eine weitere Veränderung seines Ge-
sichtsausdrucks konnte er allem Anschein nach beliebig
hervorrufen, die andere Menschen ohne ihr Zutun be-
fällt und ihnen im allgemeinen, vor allem beim schönen
Geschlecht, so unangenehm ist: Mr. Masollam besaß
die Fähigkeit, in einer Stunde weit älter auszusehen als
in der nächsten. Es gab Augenblicke, da man sein Alter
bei gründlicher Betrachtung seiner Falten sowie der

stumpf und erloschen wirkenden Augen auf mindestens
achtzig Jahre ansetzte: In anderen dann verjüngten ihn
das blitzende Auge, die sich weitenden Nasenflügel, die
breite glatte Stirn und der bewegliche Mund so sehr,
daß man einen Augenblick lang versucht war zu glauben, man habe mit der ersten Schätzung um mindestens
fünfundzwanzig Jahre zu hoch gegriffen. Diese rasch
miteinander wechselnden Gegensätze waren darauf berechnet, die Aufmerksamkeit auch des flüchtigsten Beo-
bachters zu fesseln, und sie erweckten in dem, der ihm
zum ersten Mal begegnete, einen alles andere als angenehmen Eindruck.

Das hatte weniger mit Argwohn zu tun – beide Hal-
tungen waren ganz und gar offen und natürlich – als mit
Verblüffung. Es wollte dem Betrachter scheinen, als be-
stehe Mr. Masollam aus zwei einander entgegengesetz-
ten Charakteren und stelle damit unabsichtlich ein son-
derbares moralisches und physiologisches Problem, das
der Lösung harrte und von dem ein eigentümlicher und
unangenehmer Reiz ausging. Obwohl man es sogleich
für unlösbar hielt, ließ es den Betrachter nicht zur Ruhe
kommen. Mr. Masollam mochte ebensogut der beste
wie der widerwärtigste aller Menschen sein. «

Dieser krakenartige alte Herr verfaßte zahlreiche Bücher, in denen es ihm gelang, was er lehrte und was er
glaubte mit einem großen Maß an Geheimniskrämerei
zu umgeben. Mrs. Strachey sagt über diese Werke kurz
und bündig, es sei »unmöglich, ihren Sinn festzustel-
len«. Seine Verleger hingegen waren, sofern wir den eigenen Worten dieser Herren Glauben schenken dürfen,

nicht nur mit deren Sinn vertraut, sondern auch voller
Bewunderung für sie. »Diese lyrischen Werke«, versichern sie uns, »sollen mitsamt ihrer Einleitung einige
Verfahren herleiten, durch welche das göttliche Eins-
Zweisein des Schöpfers die natürlichen Leiber all jener
auf eine andere Ebene hebt, welche das Errettende Leben des Erlösers / der Erlöserin aus den getrennten Ge-
schlechtslinien der dritten Dimension der sich mit-auf-
lösenden Natur empfangen und verkörpern, hin zur
wiedervereinigten Zweiheit – ein Geschlecht der vier-
ten Dimension ewiger Ur-Natur. Auf diese Weise wird
die Sünde des Fleisches aus der Welt geschafft, und ihr
Sold, der Tod im und für den Leib aufgehoben.« Dies
bemerkenswerte Buch des T. L. Harris wurde unter
dem Titel *The Marriage of Heaven and Earth, Triumph of
Life* [Die Vermählung von Himmel und Erde, Triumph
des Lebens] von C. W. Pearce & Co. in 139 Regent
Street, Glasgow, veröffentlicht.

Mrs. Strachey erläutert Mr. Harris' trostreiche Lehre
so klar, daß es unmöglich wäre, sie mit anderen Worten
auszulegen, und ich kann nichts anderes tun, als die ihrigen zu zitieren: »Die Glaubensvorstellung«, schreibt
sie, »hing, wie schon so viele andere, mit der Doppelge-
schlechtlichkeit des Allmächtigen zusammen. Davon
ausgehend hieß es, auch der nach dem Bilde Gottes ge-
schaffene Mensch sei ein zweigeschlechtliches Wesen;
zwar nicht in diesem Leben, wohl aber im erfüllteren
Leben, das wir beständig zu erreichen bemüht sein müssen. Die Hälfte, die nötig war, den Menschen zu ver-
vollständigen, wurde das Gegenstück genannt. Ihm,
hieß es, könne man unter Umständen auf Erden begeg-

nen, auf jeden Fall aber müsse man nach ihm suchen. Sofern man ihm aber hienieden nicht begegne, werde man im Himmel unvermeidlich mit ihm zusammentreffen.

Die Bruderschaft des Neuen Lebens jedoch schenke Enttäuschungen nur wenig Beachtung. Dem wahren Gegenstück, wurde dargelegt, könne man sich durch ein falsches annähern, und jeder Mensch, in dem man eine edle und liebenswerte Eigenschaft entdecke, sei, was sie betreffe, imstande, uns mit dem richtigen Geschöpf in Verbindung zu bringen. Somit sei es wahrhaft Glaubenden eine Pflicht zu lieben und jedem Menschen (sofern er dem anderen Geschlecht angehöre) so nahe wie möglich zu kommen, auf daß sich dieser mit jenem Teil des eigenen Gegenstücks vereinigen könne, der sich in dessen Inneren widerspiegle; und je häufiger man den Versuch (mit einer oder einem jeweils anderen Auserwählten) wiederhole, desto gründlicher werde die Annäherung gelingen.«

Der Weg war deutlich vorgezeichnet, und der Auftrag unmißverständlich. Wer aber wäre begieriger gewesen, dem Pfad der Rechtschaffenheit zu folgen, als Mr. Harris, den seine Jünger den Patriarchen nannten! Er besaß ein weibliches Gegenstück im Himmel, mit Namen Lilienkönigin. Allerdings bedaure ich sagen zu müssen, daß seine himmlische Besucherin für ihn eine äußerst schlechte Gesellschaft war, ermunterte sie ihn doch zu einem Verhalten, das bei einem weniger spirituell veranlagten Mann Anlaß zum Mißverstehen hätte liefern können. Pflicht der Lilienkönigin war es, zu »trösten«; und im Unterschied zu so vielen ihrer Ge-

schlechtsgenossinnen waren ihr junge und hübsche Damen lieber als andere. Es gibt eigentlich keinerlei Beleg
dafür, daß sie auch nur einen Mann oder eine ältere oder
minder ansehnliche Frau »getröstet« hätte – vielleicht,
weil jene gelernt hatten, weise zu sein, und daher keines
Trostes bedurften. Eine Miss X. teilte Mrs. Hannah
Whitall Smith mit – deren Papiere uns durch ihre Enke-
lin, Mrs. Strachey, in *Religiöser Fanatismus* veröffentlicht
vorliegen –, das »Verfahren, wie die Lilienkönigin trö-
stet«, sei »ganz sonderbar« gewesen. »Die gepeinigte
Seele sollte Mr. Harris' Zimmer aufsuchen und mit der
Lilienkönigin zu Bett gehen.« Als sich Miss X. – nicht
ganz unverständlicherweise – erkundigte, was dabei aus
dem Patriarchen werde, bekam sie die Antwort: »Nun,
die Lilienkönigin befindet sich im Patriarchen, und daher bleibt er im Bett. Indem wir uns in seine Arme bege-
ben, gelangen wir in ihre.«

Kein Wunder, daß sein Jünger Laurence Oliphant
schrieb: »Er merkt nicht im entferntesten etwas von der
Kälte, mit der man ihm entgegentritt, und damit hört
alles auf. Jeder von uns muß sich mehr in seinen Orga-
nismus verflochten fühlen, als wir es miteinander sind.
Sein Tun bildet den Dreh- und Angelpunkt, und in ge-
wissem Sinne begegnen wir einander in ihm; denn auf
geheimnisvolle Weise ist unser Atem mit in seinem.
Alles, was er über uns weiß, erfährt er durch das
verschwörerische Zusammenwirken der vereinigten
Atemströme. Das unterscheidet sich in gewissen Be-
sonderheiten, die er eines Tages erläutern wird, von der
Eingebung, von der Miss --- so leichthin spricht. Doch
jeder von uns schuldet ihm unter Gott, was wir als sei-

nen Atem empfinden und haben; seine Besonderheit,
derer wir uns erfreuen, wurde zuerst ihm zuteil, und
durch unsere Beziehung zu ihm erlangen wir eben dasselbe. Auch wäre es nicht möglich, daß sich irgend jemand in unserem Atem aufhielte, der sich nicht zuvör-
derst in engster Beziehung zu ihm, und danach zu den
anderen, befände. Das ist das außerordentliche Band
der Gemeinsamkeit zwischen uns; es stellt in geheimnisvoller Weise eine innige Verbundenheit zwischen uns allen her.«

Ob nun Zweifel bezüglich dieser »innigen Verbundenheit« oder eine Gewißheit mit Bezug auf das »treuhänderisch für den Herrn« mit Beschlag belegte Eigen-
tum der Grund waren: Die Verwandtschaft der schönen
und vermögenden Miss le Strange widersetzte sich
ihrer Absicht, eine Ehe mit Laurence Oliphant einzuge-
hen. Doch alle Widerstände wurden am Ende überwun-
den, der Treuhandbetrag für den Herrn wurde aufge-
stockt, und Oliphant kehrte mit Gattin und Mutter zum
Patriarchen zurück. Lady Oliphant war über die Jahre
des Lebens hinaus, in denen ihr die Lilienkönigin hätte
Trost zuteil werden lassen können, und so bekam sie die
Aufgabe zugewiesen, ungetröstet die Taschentücher der
Gemeinschaft zu waschen. Mr. Oliphant wurde – denn
der Patriarch war alles andere als unpraktisch veranlagt
– »zum Schlafen auf einen großen Dachboden geschickt, der nichts enthielt als leere Apfelsinenkisten
und eine Matratze; und er unterließ nicht, diese Gegenstände so anzuordnen, daß das Ganze einem Zimmer
ähnlich sah. Seine erste Aufgabe bestand darin, einen
großen Viehstall auszumisten. Oft, sagte er, habe er sich

wie in einem Alptraum an die Zeit erinnert, da er Tag
um Tag ganz allein diese trübselige Arbeit leistete und
stumm Schubkarren voll Dung und Schmutz hinaus-
fuhr, denn mit anderen zu reden war ihm nicht gestattet. Selbst seine Mahlzeiten wurden ihm von einem
schweigenden Boten gebracht, mit dem er kein Wort
wechseln durfte. Oft sandte man ihn, wenn er nach dieser schweren Arbeit um neun Uhr völlig erschöpft
heimkam, erneut bis elf Uhr hinaus, für den Haushalt
Wasser vom Brunnen zu holen, so daß er beinahe Frostbeulen an den Fingern bekam.«

Wie beschwerlich war das Leben von Mr. Harris' Jün-
gern, und wie nützlich! Wenn Mr. Harris damit beschäftigt war, Teufel aus Besessenen auszutreiben, hieß er die
ganze Gemeinschaft nachts aufbleiben, damit sie sich in
seiner Nähe hielten und ihm bei seiner ermüdenden
Aufgabe zusahen . . . »Aus diesem Grunde mußten manche«, berichtet uns Mrs. Margaret Oliphant in der Lebensbeschreibung ihres Vetters, »monatelang nahezu
ohne Schlaf auskommen. Vor allem einer Frau war es
mehrere Wochen hindurch lediglich gestattet, von neun
bis zwölf zu schlafen, den Rest der vierundzwanzig
Stunden brachte sie mit der schwersten Arbeit zu.«

Mr. Harris sprach sich gegen jede »starke, bloß natürliche Zuneigung« aus, und die Lilienkönigin hielt bei
gewissen Ehen eine Trennung für unerläßlich, »bis die
Zuneigung nicht mehr selbstsüchtig« war. Bald nach
Mr. Oliphants Eheschließung fiel Mr. Harris an
Mrs. Oliphant eine starke Ähnlichkeit zur Lilienkönigin auf. Daher schlug er vor, sie mit hinter den Schleier
zu nehmen, während Mr. Oliphants Selbstsüchtigkeit,

Laurence Oliphant
(1829–1888)
Xylographie nach einem Photo
von John und Charles Watkins

so vermute ich jedenfalls, weitgehend vermittels des Dachbodens mit den leeren Apfelsinenkisten im Zaum gehalten wurde. Zwar weiß ich nicht, wie weit Mr. Harris und Mrs. Oliphant gingen, doch verließ Mrs. Oliphant die Gemeinschaft für eine Weile. Daß der Patriarch bisweilen selbst seinen glühendsten Verehrern auf die Nerven gehen konnte, unterliegt keinem Zweifel. So bekannte Mr. Oliphant: »So segensvoll die Anwesenheit des Patriarchen ist, so bedeutet sie doch eine starke Beschwernis. Da er jeden unserer Zustände nur allzu deutlich wahrnimmt, müssen wir unaufhörlich auf uns achten. So müßte es immer sein; doch irgendwie bin ich entsetzlich begrenzt und erfasse die göttliche Anwesenheit, die mich beherrscht, weniger stark als die menschliche.«

Schließlich kam es zu einem unschönen Zerwürfnis, das vor Gericht ausgetragen wurde und bei dem man Mr. Harris einen Teil von des Herrn Besitztum entzog. Im Anschluß an dies lästerliche Verfahren kümmerten sich die Zeitungs-Berichterstatter so gewissenhaft um den Fall, daß er sich beklagte: »Sie quälen mich vor allem jetzt, da ich mich ins Privatleben zurückgezogen habe, seit ich meiner verschiedenen treuhänderischen Verpflichtungen anderen gegenüber entbunden bin.« Er fährt fort: »Da unser geliebtes Land täglich mehr in zügellose Lasterhaftigkeit und Verderbnis versinkt und die Presse immer unmenschlicher wird, wende ich mich immer stärker von allem ab, was mit der Darstellung in der Öffentlichkeit zusammenhängt.«

Mrs. Oliphant kehrte nach England zurück und teilte in einem Brief an ihre Mutter vom 1. November 1880

Margaret Oliphant
(1828–1897)
Gemälde von Jane Mary Oliphant

mit: »Soweit ich gehört habe, findet am 12. auf San-
dringham ein Ball statt, und Hamon möchte verständ-
licherweise, daß ich dort bin; das ist mir ohne weiteres
möglich, und die Zeit bis dahin bringe ich leicht
herum.«

Das Leben, das Mr. und Mrs. Oliphant führten,
nachdem die mit des Patriarchen Anwesenheit zusam-
menhängende »starke Beschwernis« von ihnen genommen war, muß recht bewegt gewesen sein; im übrigen
scheinen seine beiden einstigen Jünger die Praktiken der
Lilienkönigin übernommen zu haben; die Gründe dafür
erfahren wir sehr viel später.

»Die Erfahrungen zogen sich über eine so lange Zeit
hin und waren recht ungewöhnlich; doch waren viele
von ihnen so geartet, daß sie nicht gleich Allgemeingut
oder Bestandteil der gegenwärtigen Verhaltensweisen
des Menschen werden können. Das liegt an der übermäßigen Belastung, die damit einhergeht und das Verständnis für die biune[1] Art unseres Wesens bekräftigt –
mir ist klar, daß viele Menschen in all dem auf lange
Zeit hinaus günstigstenfalls eine hypothetische Vorstellung zu sehen vermögen oder derlei in ihrem Denken
nur als ungenaue Grundlage von Lebenstheorien Platz
greifen kann. Ich bin der festen Überzeugung, wie deutlich auch immer ich den Gegenstand wahrnehme, es
gibt keine Möglichkeit, ihn dem Geist der Allgemein-
heit über das gebrechliche und unvollkommene Aus-
drucksmittel des gedruckten Wortes nahezubringen.
Dazu wäre lediglich der Instinkt imstande, der sich als

---

1 Von griech.-lat. bi-unus: eins ist zwei. [A.d.Ü.]

Ergebnis von Arbeit bei den schwächsten und am meisten der Versuchung anheimgefallenen Menschen eingestellt hat, zu deren Errettung meines Wissens gegenwärtig keine andere Lehre dienen könnte als diese. Es mutet sehr schwierig an, beim Versuch, Gottes Feuer der Reinheit herabzuflehen, immer wieder daran zu denken, daß es – wie eine Atmosphäre in ein Vakuum – zu allem hinströmt, was im Leben der Gesellschaft verderbt und verrottet ist. Wer aber sind wir, daß wir uns mit oberflächlicher Schicklichkeit zufriedengeben dürften, als wäre es nicht unsere Aufgabe, gleich Gottes Lichtfülle, die Finsternis von Höhlen zu durchdringen, wo auch immer sie sich finden mögen? Doch denken wir wegen unserer natürlichen Feigheit und Oberflächlichkeit ungern immer gerade an die Dinge im Erdenleben des Menschen, die Eingebungen und Fortschritte allmählich ausmerzen. «

Die Praktiken der Lilienkönigin wurden von den Oliphants in einer von ihnen in Palästina gegründeten Gemeinschaft in die Wirklichkeit umgesetzt. Doch wie Mrs. Smith in *Religiöser Fanatismus* anmerkt: »Äußerst bemerkenswerte Vorgänge werden aus jener Gemeinschaft berichtet. Sie mußte schließlich auf Betreiben des Schutzkomitees in London geschlossen werden, das damit drohte, andernfalls alle Vorfälle an die Öffentlichkeit zu bringen. Es sieht so aus, als habe Mrs. Oliphant in ihrem Bestreben, den Arabern zu dem zu verhelfen, was sie und ihr Mann ›Sympneumata‹ oder die Vereinigung des geistlichen Gegenstücks mit dem irdischen nannten, die Selbstverleugnung so weit getrieben, daß sie dafür, ganz im Stil der wahren Lilienkönigin, »mit

diesen Arabern ins Bett ging, einerlei, wie herunterge-
kommen oder unsauber diese sein mochten. Deren Berührung mit ihrem Leib brachte wohl das Erscheinen
des Gegenstücks hervor. Solches Tun bedeutete für sie
eine harte Prüfung, und sie war davon überzeugt, eine
außerordentlich heilige Sendung zu erfüllen.«

Wir brauchen diesem nicht besonders erfreulichen
Paar nicht auf allen Irrwegen zu folgen, auf die ihre Eingebungen, Zweifel und Scheingründe sie geführt haben
mögen. Beim Gedanken an sie stimme ich nachdrücklich mit unserem lebenslangen Freund Mr. Henry
Mouat aus Whitby in der Grafschaft Yorkshire überein,
dessen Vorfahren in ununterbrochener Folge seit Königin Elizabeth I. Kapitäne auf Walfängern waren, und der
sagte, als er von einigen der reputierlicheren Taten der
späteren religiösen Fanatiker hörte: »Nun, Miss, wenn
es Ihnen nichts ausmacht, halt ich mich lieber weiter an
Speck mit Eiern.«

Einige Reisende

Auch wenn mittlerweile der Ausdruck ›Abenteuer des Handels‹ zum Klischee geronnen ist, bieten die Karten aus einem Handelsatlas, wenn man sie richtig ausschlachtet, genauer durchforscht und in Diagrammform bringt, der Vorstellungskraft eine Gelegenheit, förmlich in Genüssen zu schwelgen. Zu *sehen*, woher nicht nur Karambolen, Kampfer, Koloquinten und Kokain kommen, sondern auch Smaragd, Chrysopras, Topas und Turmalin; wo unbezwinglicher Urwald dräut, das Gelbfieber lauert und Buddhisten in großer Zahl daheim sind; wo Stürme mit Namen wie Tornado, Hurrikan und Taifun entstehen, wehen und vergehen: Was sich wohl hinter Seifenbäumen, Alligatorbirnen, Bdellium und Bibergeil verbirgt; aber auch, welche Köstlichkeiten in Jipijapa, Rosario und Trapezunt daheim sein mögen – all dem läßt sich der Geruch nach Abenteuer kaum absprechen. «

So schrieb der große Reisende des Geistes und des Kopfes, Walter de la Mare, in *Desert Islands* [Einsame Inseln]. Die Seele braucht außer einem Ort der Ruhe auch ein fernes Land, in dem sie Abenteuer und die Art Wahrheiten zu finden vermag, die nicht im gewohnten und verstaubten Alltagsgewand daherkommen.

Denn im achtzehnten und neunzehnten Jahrhundert, als die Kavalierstour ein Muß war und man später im neunzehnten Jahrhundert keine heldenhaftere Tat kannte als das Erforschen wilder Landstriche, brachte Reisen – wenn schon nicht in der Wirklichkeit, so doch wenigstens im Geiste – nicht nur Vergnügen mit sich, sondern war auch eine Notwendigkeit.

Walter de la Mare
(1873–1956)

In seiner Bibliothek auf Strawberry Hill bei Rich-
mond an der Themse entfährt es unvermittelt dem
Klatsch und Tratsch verbreitenden rastlosen Mr. Horace Walpole eines schönen Julitages im Jahre 1774, als
er sich niedersetzt, um seinem Freund Sir Horace Mann
einen Brief zu schreiben: »... ganz Europa wird mir,
auch mit weiteren Artikeln darüber, nichts mehr zu bieten haben; heute heißt der letzte Schrei Afrika. Gerade
ist ein Mr. Bruce zurückgekehrt (der Forschungsrei-
sende James Bruce, der von 1730 bis 1794 lebte). Er hat
sich drei Jahre lang am Hof von Abessinien aufgehalten
und allmorgendlich mit den Ehrenjungfrauen lebende
Ochsen zum Frühstück verzehrt. Tahiti und Mr. Banks
sind völlig vergessen; doch Mr. Blake (der darauf wet-
tete, daß es der Mann zwölf Stunden lang unter Wasser
aushalten könne) wird wohl bei Almack's ein lebendes
Schaf zum Souper bestellen und fragen, wem er etwas
vom Schulterstück auftischen soll. O ja, wir werden
Negermetzger haben, und französische Köche werden
aus der Mode kommen. My Lady Townshend sagte,
nach dem Aufruhr hätte alle Welt so nach Blut gelechzt,
daß sie im Ausland nicht zu dinieren wagte, aus Sorge,
man könne ihr Aufrührer-Pastete vorsetzen; jetzt wird
man gewiß bald auf ein Stück rohes Hammelfleisch ein-
geladen. Ehrlich gestanden glaube ich nicht, daß wir für
irgendwelche Extravaganzen reif sind. Ich bin nicht
weise genug zu wünschen, die Welt möge der Vernunft
folgen – mein Wunsch ist allein, amüsante Torheiten zu
erleben, und ich bedaure, daß Cervantes das Rittertum
der Lächerlichkeit preisgegeben und damit zu dessen
Niedergang beigetragen hat.«

Horace Walpole
(1717–1797)
Stich von W. Greatbatch

Wie gewöhnlich hatte Mr. Walpole recht mit seiner
Theorie, Afrika werde der letzte Schrei sein, doch erwies sich nach und nach, daß auch Asien und alles Land
südlich davon gleichermaßen in Mode kommen und
Gegenstand der Begierde von Reisenden werden sollten. Wer sich außerstande sah, jene fernen Gefilde in Person zu erforschen, tat das im Geiste, sehr häufig mit
beachtlichem finanziellem Nutzen. Unter die zuletzt genannten Reisenden muß man die Prinzessin Caraboo
wie auch den weit bemerkenswerteren M. Louis de
Rougemont zählen, dessen Gabe der bildhaften Schilderung der Sir John Mandevilles[1] ebenbürtig ist; wohin-
gegen wir unter den tatsächlichen Reisenden Lady
Stanhope, den bezaubernden Junker Waterton und
Mr. Edward Wortley Montagu haben[2]. Zwar würde ein
Bericht über dessen positive Eigenschaften ein ganzes
Buch füllen, doch muß er bei dieser Gelegenheit in einem Kapitel zusammengefaßt werden.

Mr. Edward Wortley Montagu scheint zu seiner Zeit
beträchtliches Aufsehen erregt zu haben; schreibt doch
William Robinson in einem Brief an Mrs. Elizabeth
Montagu aus dem Jahre 1762: »Ich habe es sehr bedauert, daß Lady Mary Wortley Venedig verlassen hat, da
ich stark gehofft hatte, jenes außergewöhnliche Phänomen zu erleben. Allerdings wurde mir ein gewisser
Trost darin, daß ich dem Sohn begegnete, der auf seine

---

1 Der angebliche und wohl fiktive Autor von ›Berichten‹ über Reisen in öst-
liche Länder, die um die Mitte des 14. Jahrhunderts verfaßt wurden und
aus verschiedenen Quellen übernommen sein dürften. Hinter dem Pseu-
donym vermutet man den Kammerherrn eines hohen Adligen. [A.d.Ü.]
2 Im Unterschied zu Mandeville tatsächliche Reisende, deren Berichte aber
minder farbig waren. [A.d.Ü.]

Weise nicht minder verstiegen ist. Er bereitet sich auf
seine Orientexpedition vor, indem er Arabisch lernt,
und er bemüht sich wahrlich sehr um die Sprache –
nicht nur, daß er vor Tau und Tag aufsteht, er hat sich
den Backenbart wachsen lassen und bietet, nimmt man
den Turban hinzu, den er im Hause trägt, einen über alle
Maßen wunderlichen Anblick. Nicht minder wunder-
lich als er selbst sind die Mitbewohner seines Haushalts.
Bei ihm wohnt eine Schwägerin, wie er sie nennt, eine
Miss Cast – man könnte sagen, ein passender Name für
eins seiner Frauenzimmer[1]. Auch hat er ein junges Mädchen von zwölf Jahren; aus ihr will er eine Nonne machen. Er hat sie bei einem Priester der Peterskirche
untergebracht, damit sie dieser in der römisch-katholi-
schen Lehre unterweise. Ich habe ganz vergessen, Euch
zu sagen, daß sie seine Tochter ist. Als ihm jener mitteilte, er könne aus ihr wegen ihrer Religion keine
Nonne machen, erklärte er, das sei in seinen Augen kein
Hindernis, denn er sehe sie alle als gleich an. Er gedenkt
sich acht oder zehn Jahre im Osten aufzuhalten, für einen Mann jenseits der Fünfzig eine beträchtliche
Spanne, und wahrscheinlich wird er von dort nie zu-
rückkehren. Ich war neulich bei ihm, als er gerade einen
Brief an die Königliche Akademie der Wissenschaften
aufsetzte. Darin ging es um eine Entdeckung, von der
Ihr gewiß gehört habt, nämlich die Wesensähnlichkeit
von Ägyptern und Chinesen. «

Nachdem Mr. Walpole erklärt hat, Mr. Wortley (dessen Vater ihm »kaum etwas gestattet«), »spielt,

---

1 Eine der vielen Bedeutungen des englischen Substantivs ›cast‹ ist Köder.
[A.d.Ü.]

Edward Wortley Montagu
(1713–1776)

schmückt sich mit Diamanten und kleidet sich so ausge-
sucht, daß er zu einem bestimmten Gehrock nur ganz
bestimmte Schnallen für seine Schuhe tragen kann, und
die Zahl seiner Tabatieren übersteigt bei weitem die,
welche eine chinesische Gottheit mit hundert Nasen
brauchen würde«, äußert er im Hinblick auf die Wahl
dieses Herrn in die Königliche Akademie der Wissenschaften: »Der absonderlichste Teil seiner Kleidung,
den er aus Paris mitgebracht hat, ist eine Perücke von Eisen; man kann sie buchstäblich nicht von echtem Haar
unterscheiden. Ich nehme an, daß ihn die Akademie
deshalb in ihre Reihen aufgenommen hat.«

Trotz Mr. Wortleys unheilbarer Angewohnheit zu reisen, oder vielleicht auch wegen derer, war er, wie wir
sehen werden, im selben Maß der Ehe verfallen, obwohl er auf jenem Gebiet ebenso umherstreifte wie auf
jedem anderen. Immerhin ehelichte er erstlich eine
Waschfrau und danach, in Bigamie, Caroline Dormer.

Doch genügten diese beiden Damen seinem Streben
nach Häuslichkeit nicht. Er verließ Miss Dormer um einer jungen Nubierin willen und brannte außerdem mit
Miss Ashe durch – Pollard Ashe, wie Walpole sie
nannte. Nun konnte man die Eisenperücke bald in
Ägypten, bald in Jerusalem sehen, wie auch in Leg-
horn, Smyrna und Rosette, von wo er nach Venedig
zurückkehrte. Dort kleidete er sich, was durchaus
paßte, wie ein Türke und bot, wie wir gesehen haben,
englischen Besuchern jener Stadt Anlaß zu großem Erstaunen. Er verschied 1776 in Padua und hinterließ
zweifellos mehrere untröstliche Witwen.

Etwa zu jener Zeit unternahmen andere, minder

abenteuerlustige Reisende gleichermaßen erstaunliche Entdeckungsreisen, die sie allerdings an weniger ferne Ziele führten.

Beispielsweise erkannte Ehrwürden Henry Blaine, Verkünder des Wortes zu Tring in der Grafschaft Hertfordshire, nicht nur, daß seine Seereise nach Ramsgate voll der bedrohlichsten Zwischenfälle war, sie diente ihm auch als Anlaß für eine Erbauungsschrift, in welcher er die Fährnisse jener Reise mit der Bedrängnis der Seele auf ihrem irdischen Weg verglich usw.

Nach der bewußten Erbauungsschrift zu urteilen, muß es ein Vergnügen gewesen sein, Ehrwürden Henry Blaine zu seinen Bekannten zu zählen, auch wenn ich vermute, daß man dieses Vergnügens erst gewahr geworden sein dürfte, wenn es vergangen war. In der Gegenwart mag es ein wenig zu permanent gewesen sein.

Die Erbauungsschrift, auf die ich in Mr. John Ashtons Werk *Waifs of the Eighteenth Century* [Heimatlose Kinder des 18. Jahrhunderts] gestoßen bin, umfaßt vierundfünfzig Seiten und beginnt wie folgt: »In der Hoffnung, jenes unschätzbare Gut, die Gesundheit, wiederzuerlangen, bestieg ich am Freitag, dem 10. August 1787, das Schiff *Friends*, um nach Ramsgate in Kent zu segeln. Ich hatte gehört, daß es einen solchen Ort gebe; und da mir viele Menschen Gutes über die Wirkung des Badens im Meer berichtet hatten, knüpfte ich gewisse Erwartungen daran. Andere bestärkten mich in meiner Hoffnung, indem sie mich wissen ließen, auf welche Weise sie selbst Nutzen daraus gezogen hatten. All das bestimmte mich zu meiner kurzen Seereise. Der Aufbruch dazu erinnerte mich an den Zeitpunkt, den ich nie vergessen werde und zu dem ich aus gewissen Gründen und von unsichtbaren, aber keineswegs unspürbaren, Kräften dazu getrieben, an Bord jenes stattlichen Schiffes ging, das der Prophet des Herrn in einem Sturm sah. Jesaja LIV, 11.«

Das ist eine Kostprobe aus der Erbauungsschrift. Blaine fährt fort: »Während wir (aus den unterschiedlichsten Gründen, wie ich annehme), auf den Augenblick warteten, in dem das Schiff auslaufen konnte, kamen viele an Bord, die jedenfalls mir den Eindruck erweckten, als wollten sie mit uns in See stechen; doch verließen sie den Hafen nicht mit uns, sondern nahmen, da andere Geschäfte und Tätigkeiten sie lockten, Abschied von Freunden und Bekannten und gingen von dannen; während wir, die einem fernen Ziel zustrebten, getreulich an unserer Absicht festhielten, unserem Heim den Rücken kehrten und geduldig harrten, daß die sachte Brise und die Flut kamen, die uns dem ersehnten Hafen entgegentragen sollten.

Als sich die Segel unseres Schiffes in einem leichten Winde blähten und die Leinen losgeworfen waren, sahen wir, wie allmählich die stolzen Türme, die aufragenden Kirchen und aller Glanz Londons in der Ferne hinter uns zurückblieben. In der Hoffnung, etwas zu finden, das die Stadt uns nicht zu bieten vermochte, wandten wir unser Augenmerk von ihren Freuden und Reichtümern ab; wir sagten auf eine Weile unseren liebsten Freunden Lebewohl, schoben unsere täglichen Sorgen um Heim und Familie beiseite und gaben frohen Mutes für eine Weile die liebgewordenen Wonnen des eigenen Heims auf.«

So hatten sie schließlich ihre Reise begonnen, die ausnehmend gefahrvoll gewesen sein muß, nach dem Ge-
dränge auf der Themse und der beträchtlichen Bangig-
keit des Autors zu urteilen. »Obschon unser Schiff vor
einem kräftigen Wind segelte und gemächlich stromab-
wärts dem Hafen seiner Bestimmung entgegenstrebte,
wäre es zu seinem Schaden ein- oder zweimal fast mit
anderen Schiffen auf dem Fluß zusammengestoßen;
doch wurde das durch die Geschicklichkeit des Steuer-
manns und der Seeleute zur rechten Zeit vermieden...
Kein Anblick auf der kurzen Reise ging mehr zu Herzen
als der der unglückseligen Übeltäter, die man *in terrorem*
am Ufer der Themse aufgehängt hatte. Gewiß handelte
es sich dabei um einige jener verabscheuungswürdigen
Gestalten, denen die Gerechtigkeit auf den Fersen war,
gleich dem, ›den, obgleich er sich aus dem Meere gerettet hat, die Rache dennoch nicht leben läßt‹? Apostelge-
schichte XXVIII, 4... Nachdem wir diese Schreckensbil-
der hinter uns gelassen hatten, trugen uns eine frische
Brise und eine kräftige Flut unaufhaltsam dem endlosen
Ozean entgegen.

Während wir uns der Themsemündung näherten,
lenkte zweierlei unseren Blick auf sich; zum einen das
königliche Wachschiff, das sich aus Gründen der guten
Wirtschaft dort befindet, zum anderen ein großer bunt-
bemalter Gegenstand auf der Wasseroberfläche, der als
Boje bezeichnet wird. Als wir am Schiff des Königs vor-
beifuhren, hörte ich den Hall eines Kanonenschusses
und sah den Mündungsblitz aus einiger Entfernung.
Als ich mich nach dem Grund dafür erkundigte, erfuhr
ich dazu, daß alle vorüberkommenden Schiffe zum Zei-

chen der Ehrerbietung ihr Toppsegel fieren; das Abfeuern des Geschützes aber sorge dafür, daß sie dies Zeichen der Hochachtung aus Furcht vor einem widrigen
Salut geschwinder von sich geben. Denn möge uns
auch der Pulverblitz beunruhigen, so würde uns doch
das Abfeuern einer Kugel *spüren* lassen, was Ungehor-
sam bedeute...

Bis dahin hatte wohl auf den Gesichtern der meisten
an Bord Heiterkeit und Frohsinn gelegen, doch während jetzt dieser und jener die Übelkeit erregende Wirkung des wogenden Meeres zu spüren begann, schien
die Rose der Lebensfreude auf kränklich wirkenden
Wangen dahinzuwelken. Diese Mitreisenden legten ihren Frohsinn ab und verkrochen sich nur allzu gern in
eine Ecke, wo sie stumm und für sich den Verlust ihres
Vergnügens betrauerten... Dreifach glücklich die Seelen jener, denen durch Gottes Gnade vor armseligen
Dingen ekelt und die bei Emanuel dauerhafte Glückse-
ligkeit suchen und finden.

Unter den Passagieren unseres Schiffs hatten allem
Anschein nach Freundlichkeit und gute Laune ge-
herrscht, man hatte Höflichkeiten ausgetauscht; für
eine Weile existierte unsere Mißgelauntheit nicht, und
es sah ganz so aus, als seien wir einig im Bestreben, einander mit so viel unschuldigem Glück zu beschenken,
wie es die gegenwärtigen Umstände erlaubten. Verhiel-
ten sich die Menschen auch sonst auf diese Weise, wie
sehr wären dann die Leiden des irdischen Daseins gelin-
dert, und um wieviel erträglicher die Bande der Gemeinschaft!

Das Augenlid des Tages war nun nahezu geschlossen,

Hafenansicht von Margate um 1830

und die Trübnis der Dunkelheit begann sich um uns zu senken. Zusammen mit dem dumpfen Heulen des Windes und den heranstürmenden Wogen rief das in den Köpfen wahrhaft ernste Gedanken hervor; und ich, dem solche Eindrücke fremd waren, ließ meinen Geist sich mit bedeutungsvollen Dingen beschäftigen...

Am Freitagabend gelangten wir gegen zehn Uhr wohlbehalten in den Hafen von Margate und warfen dort Anker, um eine größere Zahl von Mitreisenden an Land zu setzen, die abgeholt werden sollten. Wie groß sind doch die Vorzüge der Navigation! Durch das Geschick und die Fürsorge dreier Männer und eines Jungen war eine große Zahl von Menschen von einem Hafen des Königreichs zum anderen gelangt, ohne Schaden zu nehmen...

Nachdem alle, die von Bord wollten, sicher in Margate an Land gesetzt waren, lichteten wir um elf Uhr abends erneut den Anker, um rund um das North Foreland nach Ramsgate zu segeln. Das North Foreland ist die am weitesten vorgeschobene Stelle unseres Landes zur Rechten, so man themseabwärts segelt. Das Umsegeln dieser Landzunge, die ein Stück weit ins Meer ragt und hinter welcher der Ärmelkanal beginnt, gilt Seeleuten als nicht ganz ungefährlich. Zwar gab es durchaus genug Gefahr, im Süßwassermatrosen Furcht zu erwekken, doch begab ich mich zur Ruhe, voll Vertrauen auf Ihn, der Macht hat über das Meer und das Trockene, und schlief ruhig, während die Wogen dröhnend gegen die Seiten unseres Schiffes schlugen und der brausende Wind so an unseren Segeln zerrte, daß die nachgebenden Masten davon ächzten. Unwillkürlich mußte ich daran denken, daß gegenwärtig zwischen mir und der bodenlosen Tiefe nur eine zerbrechliche Planke lag, doch sänftigte mein Vertrauen auf die Güte des Herrn meine Ängste, und eine göttliche Ruhe herrschte in mir. ›Mein festes Herz bewahrt den Frieden, den Frieden, weil es auf dich vertraut.‹ Jesaja XXVI, 3.

Am Samstagmorgen erwachte ich und hörte von Land her ein angenehmes Geräusch. Ihm entnahm ich, daß es zwei Uhr war. Auf meine Frage, wo wir uns befänden, zeigte sich, daß wir wohlbehalten im sicheren Port von Ramsgate vor Anker lagen. Da es noch so früh war, schliefen wir wieder ein und blieben bis fünf in unserem Schlafabteil. Dann verließen wir es und stiegen zum friedlich daliegenden Deck empor – nicht wie der furchtsame Seefahrer, der den schrecklichen Schiffsrumpf verläßt, um tausend Tode zu sehen, die ihm Wind, Wellen und Felsen bereiten können, ohne daß ein freundliches Gestade winkt, sondern um eine der schönsten Stätten der Zuflucht vor all diesen Gefahren zu erblicken, welche die Vorsehung für die Sicherheit jener vorgesehen hat, die dem heftigen Toben der wütenden Elemente ausgesetzt sind. Ramsgates fester Hafendamm scheint in bewundernswerter Weise dazu dienlich zu sein, Schiffen Schutz und Rettung zu bieten, denen Wind und Wogen mit Zerstörung drohen. Dies herrliche Zeugnis der Baukunst hat die Gestalt eines Halbmondes, dessen Spitzen mit dem Land verbunden sind. Das ganze so nützliche Bauwerk schien mit seiner Bestimmung eine deutliche Ähnlichkeit zu jenem glanzvollen Mittler in seinem Amt aufzuweisen, den wir unsere Zuflucht vor dem Sturm nennen...

Um sechs Uhr morgens gingen wir an Land und trafen beglückt mit unseren Freunden zusammen, die am Vortag hergekommen waren; sie hatte unterwegs ein heftiger Sturm mit Blitz und Donner heimgesucht, während unsere Fahrt glatt und gedeihlich verlaufen war. An jenem Morgen aber trafen wir einander alle in Frieden und Geborgenheit. Wir setzten uns zu einem Frühstück unter Freunden zu Tisch und unterhielten uns munter über die Abenteuer der kurzen Seereise. So etwas, denke ich, wird es auch im Stande der Seligkeit geben ... Während wir auf diese Weise beschäftigt waren, beratschlagten wir miteinander, was wir während unseres Aufenthalts in Ramsgate tun wollten. Selbstverständlich kamen wir überein, eine kleine Familie zu bilden, und wenn wir auch nicht alle im selben Hause

wohnen konnten, so wollten wir doch wenigstens die
Mahlzeiten gemeinsam einnehmen. Das ist ein schönes
Beispiel für *bonne camaraderie*, wie sie nach kurzer Zeit
unter liebenswerten Gefährten entsteht.

Um den Zweck unseres Kommens zu erfüllen, misch-
ten sich einige aus unserer Gruppe unter die Badenden
am Strand. Die Annehmlichkeit des Badens, die Kühle
eines heiteren Sommermorgens, das schöne Gefühl,
schon so früh am Tag in Gesellschaft zu sein, wie auch
das Neue an der ganzen Sache übten eine äußerst wohltuende Wirkung aus ... Wir begannen uns umzusehen;
und wenn sich uns auch nichts wahrhaft Geschmackvol-
les oder Elegantes zeigte, so boten doch die Stadt und
ihre Umgebung einige ländliche Eindrücke, denen wir
Belehrung wie Vergnügen verdankten. Zu unserer Linken erhebt sich an der Stelle, da wir vom Strand empor-
kamen, der Beobachtungsturm auf einer Landspitze,
von der aus der Blick weit über jenen Teil des Meeres
schweift, der als The Downs bezeichnet wird. Von dort
erblickt man eine Anzahl Schiffe, sei es, daß sie vor Anker liegen, sei es, daß sie sich auf ihrem Weg in verschiedene Weltteile befinden. Auch vermag man von jenem
Punkt Frankreichs hoch aufragende Klippen zu sehen,
die das Licht der Sonne zurückwerfen. Zugleich kann
man sich damit vergnügen, zuzusehen, wie die Boote in
den Hafen einlaufen und ihn verlassen; und da sich das
Bild, das die See bietet, ständig verändert, bereitet der
Anblick alles in allem eine willkommene Freude. Hier
pausieren Besucher häufig nach einem Morgen- oder
Abendspaziergang und lassen sich durch die vom Meer
herüberwehende kühle Brise köstlich erfrischen...

Man möchte es für eigenartig halten, wollte ich nichts über die Kleinstadt Margate sagen. Sie ist der Hauptort für Badegäste, und ihr Ruf nimmt beständig zu. Sie befindet sich in stetigem Wachstum, und ihre Hauptzierde sind die neu hinzugekommenen Bauten. Da man in Margate vor allem die Bedürfnisse der Öffentlichkeit im Auge hat, scheint es ein Ort zu sein, an dem sich das Angenehme mit dem Nützlichen verbinden läßt, denn man hat dort die Möglichkeit, sich unter dem Vorwand des Nützlichen ungehindert dem Vergnügen hinzugeben. Beispielsweise könnte man mit Fug und Recht eine Mutter rügen, die ihre Familie für einen Monat verläßt, um ihres Gatten Geld auszugeben; doch wer darf sie tadeln, wenn ihre Gesundheit das erfordert? Man hat den Ort nach dem Geschmack der Zeit gestaltet: So wurde zwar ein Gotteshaus erbaut, aber auch ein Theater, das nahezu viermal so groß ist. So kann sich jeder Besucher, den seine schlechte Verfassung nicht daran hindert, recht bald nach Herzenslust amüsieren. So weit sind die Vorkehrungen schon gediehen, daß man dem schwindsüchtigen Husten einer Dame von zarter Gesundheit durch Dämpfe in einem kräftig geheizten Kur- und Ballsaal Erleichterung verschafft, und der von seinen Alltagssorgen niedergedrückte Bürger kann seinen Kummer im Vergnügen des Kartentisches vergessen ...

Die Bibliotheken sind ordentlich bestückt und können als eine Art Faulenzerbörse dienen, wo sich Menschen, die zuviel Geld und Zeit haben, des einen wie des anderen mit großer Leichtigkeit entledigen können. Das gesündeste und für Gebrechliche geeignetste Vergnügen, dem man sich in Margate hingeben kann, ist das Bowlspiel[1]. Dabei können Herren auf dem Rasenplatz oben auf einer Hügelkuppe, von der aus der Blick weit auf das Meer hinausgeht, den Leib ertüchtigen und den Geist entspannen. Diese Beschäftigung scheint, betreibt man sie gemeinsam mit einem ordentlichen Gefährten, um der Gesundheit zu dienen und sich eine unschuldige Erholung zu gönnen, nicht sträflicher zu sein, als wenn Petrus fischen geht ...

Nachdem wir uns in Ramsgate so lange aufgehalten hatten, wie es unsere Angelegenheiten daheim mit Anstand zuließen, gingen wir, um nach London zurückzukehren, an Bord desselben Schiffs, mit dem wir gekommen waren. Um, wie ich vermute, günstigeren Wind zu finden, segelten wir einige Meilen auf See hinaus; doch da vollständige Flaute herrschte, spürten wir in jener Nacht kaum eine andere Bewegung als die von Flut und Wellenschlag. Die Rufe, mit denen die Seeleute den Wind beschworen, ließen mich an die zu Herzen gehenden Bitten der frühen Kirche denken. Der folgende Tag erwies sich als ebenso windstill, und es gab für uns kaum Ablenkung, außer daß wir an Deck auf und ab gingen und den sich im Wasser tummelnden Delphinen zusahen. Wir hatten einen alten Fahrensmann an Bord, dessen Geduld erschöpft war und der erklärte, auf See sei ihm ein ordentlicher Sturm lieber als eine Flaute. Das erschien mir als treffende Beobachtung, die sich auf das Christentum anwenden läßt; denn häufig dient ein von Gott gelenkter Sturm dazu, das Vorankommen eines

---

1 Auf das 13. Jahrhundert zurückgehendes, im Freien gespieltes Spiel mit Kugeln, ähnlich Boules oder Boccia. [A.d.Ü.]

Christen zu beschleunigen, während eine Flaute unnütz und unsicher ist.«

Zwei Tage dauerte es, bis sie Margate anlaufen konnten, und einen weiteren brauchten sie, um Gravesend zu erreichen. Unterwegs kamen sie an einem gescheiterten Schiff vorüber. Wie es da auf dem Trockenen lag, »bot es einen trostlosen Anblick, ähnlich dem Bild, welches dem Auge eines erleuchteten Christen diejenigen zeigen, die Schiffbruch im Glauben erleiden, wenn sie auf Grund geraten und in Stücke zerspellen, da sie von ihrem Wege nicht ablassen wollen.«

Doch begnügen sich nicht alle Reisenden damit, aus einer Reise nach Ramsgate symbolische Bedeutungen herzuleiten – sie drängt es zu fabulieren und Bewohner weit fernerer und gefährlicherer Länder zu sein.

Dreißig oder vierzig Jahre nach jener Zeit bekam England den Besuch gewisser fremdländischer Potentaten. Zweifellos betrachteten diese unsere Bräuche mit ebenso großem Staunen wie wir die ihrigen. Die erste von ihnen war Caraboo, Prinzessin des Königreichs Javasu. Sie wurde von irgendeiner geheimnisvollen Kraft an unsere Küsten geweht und gewann zum Schluß, wie man gerüchtweise vernahm, die Zuneigung Kaiser Napoleons I., der sich um ihretwillen gern von Marie Louise getrennt hätte. Acht Jahre nach ihrer Ankunft und Wiederabreise bot den Londonern der Anblick des Königs und der Königin der Sandwich-Inseln Unterhaltung, deren Besuch das Lied »Der König der Menschenfresser-Inseln« feierte.

Keiner der exotischen Besucher rief mehr Staunen hervor oder erregte mehr Aufsehen als Prinzessin Cara-

boo. Immerhin war sie – niemand weiß, auf welche
Weise – aus einem Königreich gekommen, dessen Lage
von Erdteil zu Erdteil, von Weltmeer zu Weltmeer,
schwankte, wobei sich allerdings Asien als bevorzugter
Kontinent herauszuschälen schien. Das Land, auf dessen Gebiet jenes Reich liegen sollte, war bald China,
bald Indien – eine besondere Vorliebe aber galt Sumatra.

Die Prinzessin dieses irrenden[1] Landes tauchte am
Abend des dritten April 1871, es war ein Donnerstag, in
einem Häuschen des Dorfes Almondsbury auf. Durch
bescheiden vorgebrachte, aber unmißverständliche Zeichen gab sie zu erkennen, daß sie die Nacht unter
seinem Dach zu verbringen wünschte. Als dessen Bewohner merkten, daß sie weder Englisch sprach noch
verstand, »wandten sie sich um Rat an Mr. Worrall, einen Polizeirichter jener Grafschaft«. Das junge und außergewöhnliche Geschöpf schien auf geheimnisvolle
Weise zu verstehen, daß sie Mr. Worrall von Angesicht
zu Angesicht gegenübertreten sollte und legte äußerst
heftigen Widerwillen gegen dies Zusammentreffen an
den Tag. Doch kam es nach längerem, recht eindringli-
chem Zureden zustande, und zwar nicht nur mit Mr.
Worrall allein, sondern auch mit Mrs. Worrall. Keiner
von beiden sah sich imstande, zu verstehen, was sie in
jener fremdartigen Sprache von sich gab, doch gelang
es ihnen schließlich, ihr mit Hilfe von Zeichen klarzu-
machen, daß sie gern Papiere sehen würden, die sie in
ihrem Besitz habe. Daraufhin nahm sie aus ihrer Tasche
einige Halbpenny-Münzen und ein falsches Sixpence-

---

1 Irren: rastlos umherziehen, ziellos durch die Lande, von Ort zu Ort. – Wör-
terbuch.

*Prinzessin Caraboo
Gemälde von Benjamin Barker aus Bath
im Jahr 1817*

Stück. Das kleine Bündel, das sie mit sich trug, enthielt einige notwendige Gegenstände, darunter ein kleines Stück Seife, das ordentlich in ein Stück Leinen einge-schlagen war. Ihre Kleidung war einfach und lieferte keinen Hinweis auf ihren königlichen Rang: ein Ge-wand aus schwarzem Tuch mit einer Musselinkrause um den Hals, ein schwarzes baumwollenes Kopftuch und ein schwarzrotes Umschlagtuch um die Schultern – »beide lose und geschmackvoll so angelegt, wie es in asiatischen Ländern üblich ist.«

Mrs. Worrall brachte die romantische Landfremde für die Nacht im Dorfgasthof unter und schickte ihre Dienstmagd und ihren Bedienten mit, die darauf achten sollten, daß sie ein bequemes Bett und eine ordentliche Mahlzeit bekam.

»Als man sie zu dem Zimmer führte, allwo sie schla-fen sollte«, erfahren wir aus einer Flugschrift, die im Jahr der Ankunft jener Prinzessin veröffentlicht wurde, »schien sie zu zögern, sich ins Bett zu legen, und wies auf den Boden. Doch nachdem sich das Töchterchen der Wirtin ins Bett gelegt und ihr vorgeführt hatte, wie behaglich es dort sei, entkleidete sie sich und war bereit, sich auf das Bett zu legen, nachdem sie niedergekniet war, wohl um ihre Gebete zu sprechen.«

Früh am nächsten Morgen empfing die Fremde Besu-che: Nicht nur Mrs. Worrall kam, sondern auch der auf-geregte Geistliche jener Gemeinde. Er brachte verschie-dene Abbildungen von Orten ferner Zonen mit, vor al-lem von solchen, die im Fernen Osten lagen, in der Hoffnung, sie möge diese erkennen.

Wir erfahren, daß sie »nach deren Betrachten dem Zuschauenden zu verstehen gab, sie habe eine gewisse Kenntnis einiger der Drucke, die sich auf China bezogen, machte aber Zeichen des Inhalts, nicht ein Boot habe sie an die Küste dieses Lands gebracht, sondern ein Schiff«. Da die Befragung nichts von Belang zu ergeben schien, beschloß die ausdauernde Mrs. Worrall, die geheimnisvolle Fremde·mit sich zurück nach Knole zu nehmen und sie dortzubehalten, bis deren Geheimnis auf die eine oder andere Weise gelüftet sei. Zwar machte die mysteriöse Fremde kein Hehl daraus, daß sie nicht nach Knole zurück wollte; aber da es keine andere Lösung gab, wurde sie erneut unter das so gastliche Dach geleitet. Dort führte man sie ins Zimmer der Haushälterin, wo die Dienstboten beim Frühstück saßen. »Als sie einiger ›Kreuzsemmeln‹[1] ansichtig wurde, die auf dem Tisch lagen (denn es war Karfreitag), nahm sie eine, schnitt, nachdem sie diese ernsthaft betrachtet hatte, das Kreuz herunter und steckte es sich in den Busen.«

Diese schlichter Frömmigkeit entwachsene Handlungsweise steigerte das Geheimnis noch, zeigte sie doch, daß das Herkunftsland der Umherziehenden, wie unzivilisiert auch immer es sein mochte, dem Christentum ergeben war.

Es scheint, daß Mrs. Worrall, während sie in der Kirche war, mit sich zu Rate ging. Jedenfalls richtete sie nach ihrer Rückkehr folgende tröstende und mitfühlende Worte an die Unbekannte: »Meine gute junge Frau, ich fürchte sehr, Ihr beschwindelt mich. Ich denke, daß Ihr mich versteht und mir sehr wohl in mei-

---

[1] Ein besonders am Karfreitag (meist warm) verzehrtes Gebäck, das mit einem Kreuz versehen ist. [A.d.Ü.]

ner eigenen Sprache antworten könnt. Sofern sich das
so verhält und die Not Euch zu diesem Mittel getrieben
hat, offenbart Euch mir als Eurer Freundin; ich bin eine
Frau wie Ihr und vermag mit Euch zu fühlen. Ich werde
Euch mit Geld und Kleidern versehen und Euch auf den
Weg bringen, ohne Euer Verhalten auch nur einer Men-
schenseele zu enthüllen. Doch die Bedingung dafür ist,
daß Ihr die Wahrheit sagt. Wisset für den Fall, daß Ihr
mich täuscht, Mr. Worrall ist Polizeirichter, und es steht
in seiner Macht, Euch ins Gefängnis zu stecken, wo Ihr
Zwangsarbeit verrichten müßt; anschließend wird man
Euch in Eure Heimatgemeinde schicken.«

Auf dem schönen Antlitz der Fremden zeigte sich weder Betretenheit noch Scham, als Mrs. Worrall an den
zusammenfassenden Schluß ihrer Ansprache gelangte.
Im Gegenteil gab sie mit hinlänglicher Deutlichkeit zu
erkennen, daß sie kein Wort der Sprache verstand, in der
da das Wort an sie gerichtet wurde, und hielt in einem
Idiom, das wohl ihre eigene Sprache war, eine, wie es
Mrs. Worrall schien, ausführliche Ansprache an ihre
Adresse.

Sodann bemühte sich Mrs. Worrall, unbeirrt wie
stets, der romantischen Fremden ihren Namen zu ent-
locken. Sie schrieb ihren eigenen auf ein Blatt Papier,
das sie ihr zusammen mit einer Feder in die Hand gab.
Während sie dazu langgezogen und durchdringend
›Worrall, Worrall‹ schrie, schlug sie sich auf die Brust.
Die Prinzessin wies die Feder zurück und schrie ihrer-
seits, auf sich selbst weisend, ›Caraboo, Caraboo‹. Es
muß ein eindrucksvolles Schauspiel gewesen sein. Beim
Abendessen dann führte die Prinzessin das System der

Kränkung durch Ablehnung fort, denn sie wies alle
vom Tier stammenden Speisen, Bier, Apfelwein und
dergleichen von sich.

Bis zum folgenden Montag blieb sie unter Mrs. Worralls Dach, dann wurde sie nach Bristol ins Armenhaus
gebracht. In Windeseile sprach sich ihre Geschichte –
oder besser gesagt, daß es keine Geschichte gab –
herum. Neugierige belagerten diese Zuflucht und
brachten jeden Fremdling mit, den ihnen das Geschick
hatte in die Finger fallen lassen, in der Hoffnung, auf
diese Weise werde sich ermitteln lassen, welchem Lande
die sonderbare Fremde entstammte. Unter diesen befand sich ein Portugiese aus Malaya, welcher, wie ver-
lautete, die Sprache verstand, in der sie sich ausdrückte.
Es handele sich bei ihr um eine Prinzessin aus königli-
chem Geblüt, ließ er die vor Ehrfurcht erstarrte Zuhörerschaft wissen, Piraten hätten sie auf geheimnisvolle
Weise von Javasu, ihrer Inselheimat in Hinterindien,
fortgelockt, sie aus einem ebenso geheimnisvollen
Grund nach England gebracht und dort roh im Stich gelassen. Wie es schien, hatten die Entführer die Reise von
Javasu nach England ausschließlich deshalb unternom-
men, um die bezaubernde Prinzessin an unseren Gesta-
den abzusetzen. Ungeachtet aller Gefahren seien sie gekommen, ungeachtet aller Gefahren hätten sie sich
heimlich davongemacht, ohne auch nur einen Fußab-
druck auf unserem Boden zu hinterlassen. Nicht nur
war die Geschichte höchst dramatisch und außerordentlich romantisch, sie räumte sogar die Zweifel der Mrs.
Worrall aus, und so gelangte die Prinzessin erneut nach
Knole, wo sie den Haushalt beständig im Zustand der

Anspannung hielt und so viel Unruhe stiftete, wie das überhaupt nur möglich war.

»Als man ihr ein Stück Kaliko gab«, erfahren wir aus der ihr gewidmeten Flugschrift, die Miss Barton und Sir Osbert Sitwell in ihrem Werk *Sober Truth* [Nüchterne Wahrheit] zitieren, »verfertigte sie daraus ein Kleidungsstück von der Art, die zu tragen sie gewohnt war. Es war im Rock sehr kurz und in der Taille gerafft. Seine Ärmel waren unmäßig weit und so lang, daß sie fast den Boden streiften, an den Handgelenken aber waren sie eng gefaßt. An den Füßen trug sie keine Strümpfe, wohl aber offene Sandalen mit Holzsohlen. Großes Entzükken zeigte sie beim Anblick eines chinesischen Beutels aus Kettengeflecht, den man ihr zeigte, und sie setzte ihn sich wie eine Haube auf, zuerst im Stil einer chinesischen Kopfbedeckung, sodann wie es wohl in Java su üblich ist – in beiden Fällen hing er wie ein Schleier vor ihrem Gesicht herab. Bisweilen drehte sie ihr Haar auf und rollte es auf dem Kopf zusammen, wo sie es mit einem Fleischspieß befestigte. Man stellte eine Sammlung der von ihr verwendeten Worte mit den Bedeutungen zusammen, die sie ihnen beilegte, und es zeigte sich, daß sie alle stets richtig, im gleichen Sinn und für die gleichen Gegenstände benutzte. Mrs. Worralls Haushälterin, die bei ihr schlief, hörte von ihr nie Worte in einer anderen Zunge oder von anderem Klang als jener, deren sie sich von Anfang an bedient hatte.«

Mit ihren kriegerischen und ungeläufigen Gepflogenheiten muß sie den Haushalt der Worralls in Angst und Schrecken versetzt haben. »Während ihres Aufenthalts«, fährt die Flugschrift fort, »übte sie sich im Ge-

brauch von Pfeil und Bogen. Den Bogen pflegte sie
über der linken Schulter zu tragen, und ein ihr zur Rechten herabhängender Stecken diente ihr als Schwert. Bisweilen trug sie einen Gong auf dem Rücken, den sie auf
sehr außergewöhnliche Weise schlug. Wie sie mit einem
Tamburin in der Hand dastand, das Schwert umgegür-
tet, Pfeil und Bogen wie gewohnt umgehängt, einen
Kopfputz aus Blumen und Federn im Haar, erweckte sie
den Eindruck, als gehe sie zum Kampf gerüstet.«

Ob auch Mrs. Worrall zum Kampf gerüstet war, ent-
zieht sich meiner Kenntnis; doch war das Leben wohl
keineswegs leicht, da niemand vorauszusehen vermochte, wohin die Gewohnheiten aus der Prinzessin
Heimat diese als nächstes führen würden. Einmal nahm
sich die wachsame Mrs. Worrall einen Abend frei, um
einer Totenwache im Dorf beizuwohnen. Bei ihrer
Rückkehr war die Prinzessin nirgends aufzufinden. Der
Park wurde durchsucht, unbezwingbares Frohlocken
vermischte sich mit geziemender und pflichtgemäßer
Verzweiflung. Doch beide Gefühle sollten zuschanden
werden, denn als alle von der Suche erschöpft waren, er-
tönte leises Rascheln aus einem Baum von beachtlicher
Höhe, und siehe: Hoch oben saß die Prinzessin, mit
Pfeil und Bogen ausgerüstet. Sie erklärte, sie habe den
Baum erstiegen, weil alle Frauen des Haushalts ins Dorf
gegangen waren und sie die möglichen Wirkungen ihres
unbehüteten Zustandes auf die Männer gefürchtet
habe.

Nun ging im Haushalt der Worralls alles wieder seinen gewohnten Gang – doch nicht lange. Eines Tages zu
Anfang Juni schlich sich die ungewöhnliche unfreiwil-

lig Gefangene, nicht imstande, Mrs. Worralls wachsa-
men Blick länger zu ertragen, aus dem Hause und gelangte nach Bath. Es gehört zu den Geheimnissen der
Natur, daß die von jener fernen und wilden Insel ge-
kommene Prinzessin vermittels des stark ausgeprägten
Instinkts, den wilde Völker besitzen, unbestreitbar gewußt haben muß, daß die Stadt zu jener Zeit der Brenn-
punkt der eleganten Welt war. Warum sonst hätten ihre
Schritte sie dorthin führen sollen? Dort eingetroffen,
reichte die mondäne Gesellschaft, die es nach einer
neuen Sensation lüstete, das exotische Geschöpf in den
Salons herum. Gerüchtweise erfuhr die getreue Worrall
davon, und so folgte jene Dame der ihr anvertrauten
Fremden binnen einer Woche nach deren Entweichen,
um sie, koste es, was es wolle, zu beschützen und nach
Möglichkeit erneut einzukerkern.

»Sie fand die Prinzessin auf dem höchsten Punkt ihres
Ruhms und Ehrgeizes im Salon einer Dame *du haut ton*.
Nicht einmal Cervantes hätte sich die Verwirklichung
einer so glanzvollen Szene erträumen können. Was war
Sancho Pansas Situation im Palast der Herzogin, vergli-
chen mit jener der Prinzessin von Javasu im Salon der
Mrs. --- ? In ihm drängten sich mondäne Besucher, alle
darauf erpicht, der fremdländischen Prinzessin vorgestellt zu werden. Eine gutaussehende Frau kniete vor
ihr, eine weitere nahm ihre Hand, eine dritte erbat einen
Kuß von ihr . . .«

Auch Dr. Wilkinson aus Bath war einer jener *cognoscenti*, die ihre Hingabe ans Wunderbare dazu trieb, ihr
Können zu erproben, um Wesen und Herkunft der unbekannten Fremden zu erkunden.

»Ihre Art sich zu ernähren scheint hindustanisch«,
schrieb jener Arzt an die Zeitung *Bath Chronicle*, »denn
sie lebt vorwiegend von Gemüse und zeigt eine große
Vorliebe für Currygerichte; all ihre Speisen bereitet sie
selbst zu. Sie kleidet sich äußerst adrett und erlegt sich
im Umgang mit Herren große Zurückhaltung auf. Nie
gestattet sie ihnen, ihre Hand zu nehmen, und bei der
leisesten zufälligen Berührung ihrer Gewänder mit deren Kleidern zieht sie sich von ihnen zurück. Verabschie-
det sie sich von einem Herrn, legt sie grüßend die
Rechte an die rechte Seite der Stirn, und von einer Dame
auf dieselbe Weise, nur mit der linken Hand. Sie scheint
nicht zum Reden geneigt und ist an einem bestimmten
Wochentag sehr darauf bedacht, den Dachfirst des Hauses aufzusuchen und dort die Sonne von deren Aufgang
bis zu ihrem Untergang anzubeten. Sie trägt eine
Schnur bei sich, in die einige Knoten geschlungen sind,
wie ein chinesischer Abakus, bevor ihn das Rechenbrett
mit den gleitenden Kugeln ersetzte. Sie schreibt von
links nach rechts, wie es unsere Gewohnheit ist. Mrs.
Worrall hat sie zu verstehen gegeben, daß in ihrer Heimat weder Feder noch Papier in Gebrauch sind, wohl
aber etwas, das ein Kamelhaarpinsel und eine Art
Papyrus zu sein scheinen. Alles, was wir in einer Viel-
sprachenbibel, Frys *Pantographia* oder Dr. Hagers
Elementary Characters of the Chinese [Grundlegende
Schriftzeichen des Chinesischen] zu finden vermochten, ermöglichte es uns weder, Gewißheit über die Art
ihrer Sprache noch über das Land zu erlangen, dem sie
angehört; ein oder zwei Schriftzeichen scheinen mehr
oder weniger dem chinesischen *zhu* zu ähneln, was

»Bambus« bedeutet. Mehrere Schriftzeichen weisen eine gewisse Verwandtschaft mit dem Griechischen auf . . . man hat ihr verschiedene Veröffentlichungen in griechischer, malaiischer, chinesischer, arabischer und persischer Schrift sowie in Sanskrit gezeigt, doch hat es den Anschein, als sei sie mit allen gänzlich unvertraut. Ihr Brief wurde jedem in Bristol und Bath gezeigt, der mit den Literaturen des Ostens vertraut ist, jedoch ohne Erfolg. Eine an die East India Company gesandte Abschrift wurde durch den Vorsitzenden jenes Unternehmens Mr. Raffles zugeleitet, einem der bedeutendsten Gelehrten auf dem Gebiet der Asienkunde, doch auch dieser vermochte ihn nicht zu entziffern. Das Original wurde der Universität Oxford zugänglich gemacht; deren Lehrkörper aber bestreitet, daß es sich um Schriftzeichen einer Sprache handle. Manche äußerten die Vermutung, die Sprache sei ein verderbtes Javanisch, andere schreiben sie Malaya und Sumatra zu. Meiner eigenen Beobachtung nach halte ich die Prinzessin für eher zirkassisch, obwohl mir alle Zeichen ihrer Schrift völlig unbekannt sind. Ihr Aussehen, ihr Teint und ihr Verhalten bestärken diese Ansicht. Es steht zu vermuten, daß ihr Auftreten hier mit den Korsaren zusammenhängt, die sich schon seit einer Weile in der Nähe unserer Küsten aufhalten. Dem höchsten Wesen legte sie den Namen Alla Tallah bei. Jeder, der sie gesehen hat, ist ungemein von ihr gefesselt. «

Wenn ich das lese, bedaure ich mehr denn je, daß Prinzessin Caraboo ihr Auftreten nicht bis in unsere Zeit hinausgezögert hat, hätte man sie dann doch vor Mr. Arthur Waley bringen können. Mir hätte die Be-

gegnung der beiden Freude bereitet, nur fürchte ich,
daß sie zu Prinzessin Caraboos Rückzug aus der Öffentlichkeit Leben geführt hätte. Mr. Waley ist unschlagbar.
So erinnere ich mich beispielsweise an den Tag, da er
zum Wochenende im Haus meines Bruders Sacheverell
auf dem Lande erwartet wurde und meine Schwägerin
und ich ihm ein altes Büchlein in einer unbekannten
Sprache, das wir in der Bibliothek gefunden hatten, auf
den Nachttisch legten, in der Hoffnung, er werde sich
für besiegt erklären. Am nächsten Morgen war er ein
wenig bleich und wirkte erschöpft, sagte aber, das Buch
auf den Tisch legend, mit schwacher Stimme: »Tür-
kisch, achtzehntes Jahrhundert.« Es enthielt nur wenige
Seiten; und nach einer achtungsvollen Pause fragten
wir: »Worum geht es darin?« Mr. Waley ließ uns, plötzlich munter, wissen: »Katze und Maus. Vor dem Haus
im Sturmgebraus sitzt die Maus. Kommt die Katze heraus und frißt die Maus, o Graus. Aus.« – »Ach, ein Kin-
derbuch.« – »Das will ich meinen. Das will ich *hoffen*!«

Wie vergnüglich wäre also eine Begegnung zwischen
Mr. Waley und der Prinzessin Caraboo gewesen. Aber
ach, es sollte nicht sein. Doch auch das Zusammentreffen mit Dr. Wilkinson zeitigte keine erfreulichen Folgen, weder für die Prinzessin, noch für jenen unschuldi-
gen alten Herrn – fühlte sich doch eine gewisse
Zimmervermieterin bei der Lektüre von Dr. Wilkinsons Bericht vom Auftreten und exotischen Betragen
der Prinzessin Caraboo an eine gewisse Mary Baker
erinnert, die einige Monate zuvor für kurze Zeit bei ihr
gewohnt hatte.

Was jene Miss Baker erzählt hatte, war von so unge-

zügelter Phantastik gewesen, daß die Zimmervermieterin um den Verstand der jungen Frau gefürchtet hatte.
Also machte sich diese Dame, unfähig, die Dinge sich
selbst zu überlassen, eilends nach Bath auf. Kaum stand
sie der Prinzessin Caraboo gegenüber, als diese in Tränen ausbrach und gestand, eine Schwindlerin zu sein.
Was sie aber über ihr früheres Leben von sich gab, klang
ebenso absonderlich und unwahrscheinlich wie ihre bisher gespielte Rolle, so daß niemand wußte, was er glauben sollte. Nur eins ist uns unbestreitbar über sie bekannt: Sie war »ein Dienstmädchen aus der Grafschaft
Devonshire mit alles anderem als einwandfreiem Leu-
mund«. Als Ergebnis ihres hoffnungslosen Hanges
zum romantischen Abenteuer und zum Herumstreifen,
sowohl in der Wirklichkeit wie in ihrer Vorstellung,
mußte sie jede Stelle aufgeben, die sie antrat, und so war
sie schließlich von Ort zu Ort gezogen, bis sie darauf
verfiel, ihrer Abenteuerlust damit Befriedigung zu ver-
schaffen, daß sie sich als Prinzessin ausgab.

Ich vermag ihr Verhalten so schlimm nicht zu finden,
wie man es hingestellt hat. Sie hat niemandem etwas an-
getan und Mrs. Worralls und Dr. Wilkinsons Leben um
manches Abenteuerliche und Unterhaltende bereichert.
Möglicherweise haben ihr selbst die vergeben, die das
größte Interesse an jenem Geheimnis gezeigt hatten,
nachdem sich die anfängliche tiefe Enttäuschung über
ihre Entlarvung gelegt hatte. Feststeht jedenfalls, daß
die herzensgute und wohlmeinende Wichtigtuerin Mrs.
Worrall Mitleid mit Prinzessin Caraboo hatte und ihr
behilflich war, nach Amerika auszuwandern. Damit
könnte unsere Geschichte zu Ende sein, wäre es nicht

auf Sankt Helena zu einer Begegnung zwischen Prinzessin Caraboo und Kaiser Napoleon gekommen.

Abgedruckt findet sich der Bericht darüber in Felix Farleys Blatt *Bristol Journal* vom 13. September 1817: »Haupt-Gesprächsgegenstand in der eleganten Welt am Ort ist zur Zeit ein kürzlich hier eingegangener Brief Sir Hudson Lowes aus Sankt Helena. Darin heißt es, daß man am Tag, bevor die letzten Depeschen abgesandt wurden, vor der Insel ein großes Schiff gesichtet habe. Es herrschte starker Südostwind. Nachdem das Schiff, offenbar in der Absicht, die Insel anzulaufen, mehrere Stunden lang gekreuzt hatte, drehte es nach Nordwesten ab. Nach Ablauf einer Stunde sah man ein Beiboot in den Hafen einlaufen. Es wurde von einer einzelnen Person gerudert. Sir Hudson ging allein zum Strand und sah zu seinem Erstaunen, wie eine befremdlich aussehende Frau die Ruder sinken ließ und an Land sprang. Sie berichtete, sie habe in Bristol unter der Obhut einiger Damen, die zu einer Missionsschule unterwegs seien, ein Schiff namens *Robert and Ann* bestiegen. Dies unter Kapitän Robinsons Führung nach Philadelphia ausgelaufene Schiff sei durch einen mehrtägigen Sturm vom Kurs abgekommen. Ein Besatzungsmitglied habe Land gesehen und der Kapitän darin die Insel Sankt Helena erkannt. Sogleich habe sie den glühenden Wunsch verspürt, den Mann zu sehen, mit dessen künftigem Geschick sie das ihre in geheimnisvoller Weise verknüpft glaubte; und ihre Brust schwoll beim Gedanken, von Angesicht zu Angesicht einem Hochstapler gegenüberzutreten, wie ihn die Welt seit Mohammed nicht gesehen hatte. Der Wind sprang nach Südsüdost um, was beinah dazu geführt hätte, daß sie ihre Hoffnung begraben mußte. Als sie merkte, daß der Kapitän entschlossen war, den Weg in Richtung auf seinen ursprünglichen Bestimmungsort fortzusetzen, nutzte sie die günstige Gelegenheit und sprang, ein mächtiges Klappmesser in der Hand, in ein kleines am Heck herabhängendes Boot. Sie kappte dessen Haltetaue, fiel mit der Nußschale wohlbehalten auf die Wasserfläche des Ozeans und ruderte davon. Der ablandige Wind war zu stark, als daß das Schiff hätte beidrehen können, um ihr einen Strich durch die Rechnung zu machen. Sir Hudson stellte sie Napoleon unter dem Namen Caraboo vor. Sie bezeichnete sich als Prinzessin von Javasu und berichtete eine ungewöhnlich interessante Geschichte, die den erhabenen Gefangenen höchlich zu ergötzen schien. Er umarmte die Fremde mit allen Anzeichen begeisterten Entzückens und bat Sir Hudson, er möge ihr gestatten, in seinem Hause Wohnung zu nehmen, denn sie allein biete ihm in seiner Gefangenschaft geziemenden Trost.«

Sir Hudson fügt hinzu: »Die erkennbare Vertrautheit mit der malaiischen Sprache, welche diese ungewöhnliche Persönlichkeit an den Tag legt (und manch einer auf der Insel versteht jene Sprache) scheint zusammen mit der Kenntnis, die sie von indischer und chinesischer Politik besitzt, sowie der Begeisterung, mit der sie über diese Gegenstände spricht, jeden davon zu überzeugen, daß sie keine Schwindlerin ist. Ihr Auftreten ist wunderbar aristokratisch und bezaubernd.«

In einem privaten Brief findet sich noch nachstehende Erklärung zu der oben gemachten Aussage: »Seit dem

Eintreffen jener Dame mit dem vornehmen Gebaren
scheint Bonaparte in Miene und Aussehen wie ausge-
wechselt. Zuvor zurückhaltend und niedergeschlagen,
ist er jetzt voll Lebensfreude und Gesprächsbereitschaft.
Man hört keine Klagen mehr über Unbequemlichkeiten
in Longwood. Er hat Sir Hudson zu verstehen gegeben,
daß er entschlossen sei, vom Papst einen Dispens zu erlangen, um seine Ehe mit Marie Louise annullieren und
sich in unauflöslicher Gemeinschaft mit der liebenswürdigen Caraboo verbinden zu können. «

Das ist das letzte, was wir über die liebreizende und
unglückselige Prinzessin Caraboo hören – außer einem
Gerücht, demzufolge sie nach England zurückgekehrt
sei und dort ihren Lebensunterhalt mit dem Verkauf von
Blutegeln verdient habe.

Einundachtzig Jahre ziehen ins Land, bis in unserem
Land ein weiterer Reisender mit einer ebenso romantischen und tragischen Geschichte auftaucht. Gemeint ist
M. Louis de Rougemont, und seine Abenteuer, so wie
sie im *Wide World Magazine* für August 1898 berichtet
wurden, erregten im gesamten britischen Weltreich
Aufsehen. Noch einmal muß ich mich der *Nüchternen
Wahrheit* zuwenden, deren Verfasser mit größtem Fleiß
und Mitgefühl M. de Rougemonts Geschichte für uns
ausgegraben und wiedergegeben haben.

Die Ankündigung des Berichts, den M. de Rougemont dem *Wide World Magazine* über seine Abenteuer
gab, beginnt wie folgt: »Wir veröffentlichen hier, was
sich wahrlich die außergewöhnlichste Geschichte nennen läßt, die ein Mensch je zu erzählen versucht hat. In

den Annalen der geographischen Wissenschaft wird
praktisch nur ein einziger Fall verzeichnet, der sich auch
nur einen Augenblick lang dem M. de Rougemonts an
die Seite stellen ließe, doch kehrte jener Mann im Zustand hoffnungslosen Schwachsinns zurück; schon
Jahre zuvor hatte er den Verstand verloren, in einer Umgebung, die man sich grauenerregender nicht vorstellen
kann. Ganz abgesehen von der Aufmerksamkeit, die M.
de Rougemonts Abenteuerbericht auf der ganzen Welt
erregt hat, dürfte klar sein, daß der Beitrag, den er für
die Wissenschaft zu leisten vermag, nach seinen dreißig
Jahren als Kannibalenhäuptling in der Wildnis des uner-
forschten Australien ganz und gar unschätzbar sein
muß. Er hat bereits so herausragenden Geographie-Ka-
pazitäten wie Dr. G. Scott Keltie und Dr. Hugh R. Mill
Bericht erstattet. Diese wohlbekannten Fachleute haben seine Geschichte gehört und anhand ihrer unver-
gleichlichen Sammlung jüngster Nachrichten, Karten
und Reiseliteratur überprüft. Sie sind ganz und gar davon überzeugt, daß M. de Rougemonts Schilderung
nicht nur Punkt für Punkt der Wahrheit entspricht, sondern auch von höchstem Wert für die Wissenschaft ist.

Darüber hinaus geben wir mit großer Freude bekannt, daß gegenwärtig alles Erforderliche unternom-
men wird, um zu erreichen, daß M. de Rougemont
beim nächsten Kongreß jener angesehenen wissenschaftlichen Vereinigung, der Britischen Gesellschaft
für die Förderung der Wissenschaften, der im September in Bristol stattfinden wird, ein wichtiges Referat
halten kann.

Die Erzählung folgt wortgetreu M. de Rougemonts

Louis de Rougemont
(1844–1921)

eigenem Lebensbericht. Wir haben nicht nur von außenstehenden Fachleuten und Autoritäten prüfen lassen, daß seine Darstellung bis in die kleinsten Einzelheiten stimmt, wir haben uns auch selbst davon überzeugt.«

Das Leben unter Menschenfressern hatte, wie es schien, M. de Rougemont gelehrt, die Natur des Menschen ziemlich genau »einzuschätzen«; und niemand wußte besser als er, welcher Wert als mild stimmendes Element dem Mythos zukommt, demzufolge der Hund des Menschen bester Freund sei. Er war davon überzeugt, daß kein Kopf und kein Herz so weich seien, als daß sie sich nicht von einer wirklich guten Geschichte über einen pflichtbewußten und mutigen Hund noch weiter erweichen ließen. Daher lautete M. de Rougemonts Geschichte: Er habe sich in den frühen sechziger Jahren, während er vor Neu Guineas Südküste der Perlenfischerei oblag, mit einem Mal mitten auf dem Ozean allein gefunden, wenn man vom Hund des Kapitäns absah. Ein Sturm hatte sich erhoben. Wo war der Kapitän? Wo waren die Seeleute? Wo war M. de Rougemonts Teilhaber? Sie seien verschwunden gewesen und hätten M. de Rougemont allein mit dem Tier zurückgelassen. Zwei Wochen lang hätten diese beiden unzertrennlichen Gefährten das Schiff navigiert, das hierhin und dorthin trieb, Freud und Leid miteinander geteilt, und dann sei das Schiff – wahrscheinlich gerade in dem Augenblick, als M. de Rougemont dem Hund eine ergreifende einfache Geschichte erzählte – auf ein Riff gelaufen und gesunken. Und so geht es weiter: Mann und Hund sprangen ins Meer und begannen auf eine kleine Insel zuzuschwimmen; aber die Strömung war zu stark für M. de Rougemont, so daß er gleich dem Schiff unterzugehen drohte. In diesem Augenblick hielt der kluge und treue Freund des Menschen dem Ertrinkenden den Schwanz hin, den dieser mit letzter Kraft zwischen die Zähne nahm. Auf diese Weise wurde er an Land gezogen. Die beiden Gefährten fanden sich auf einer kleinen Insel von kaum hundert Metern Länge und zehn Metern Breite wieder, die sich zweieinhalb Meter über den Meeresspiegel erhob. Dort richteten sie sich mit Hilfe von angetriebenen Einrichtungsgegenständen des Wracks so behaglich ein, wie es gehen wollte, und begannen ein Leben, in dem es neben Arbeit und Nachdenken auch Vergnügungen wie Ritte auf Schildkröten und Tiefseetauchen auf dem Rücken dieser Tiere gab. »Ich pflegte dorthin zu waten«, berichtet uns M. de Rougemont, »wo sich die Schildkröten aufhielten, mir ein kräftiges Tier von gewiß gut fünfhundert Pfund Gewicht auszusuchen und mich ihm in aller Seelenruhe auf den Rücken zu setzen.

Erschreckt schwamm das Geschöpf sodann davon, meist etwa einen Fuß unter der Wasseroberfläche. Tauchte es tiefer, lehnte ich mich einfach auf dem Panzer zurück, und es mußte hochkommen. Ich lenkte meine sonderbaren Reittiere auf eine ganz besondere Weise. Sollte sich die Schildkröte nach links wenden, stieß ich ihr einfach den Fuß ins rechte Auge, und für die Gegenrichtung verfuhr ich umgekehrt. Wenn ich dem Tier meine beiden großen Zehen gleichzeitig vor die Augen legte, hielt es so ruckartig an, daß ich davon fast aus dem Sitz gehoben wurde.«

Auf jener Insel blieben sie zwei Jahre unbehelligt, bis

*Louis de Rougemont
auf seiner Schildkröte*

ein weiterer Sturm vier nackte Wilde dorthin verschlug,
einen Mann, eine Frau und deren beider Kinder. Die
Wilden waren freundlich, insbesondere die Frau; es
schien sie zu freuen, M. de Rougemont dort zu sehen.
Er lernte die Sprache dieser Menschen und erfuhr, daß
sie australische Ureinwohner waren. Vor allem die
Frau, mit Namen Yamba, war klug und brachte ihm vieles bei, was mit den Bräuchen und der Sprache der Aus-
tralneger zusammenhing. Später erwies sich dies Wissen als unabsehbar wertvoll, da er deren Beherrscher
wurde.

Dazu muß man sagen, daß M. de Rougemont inzwischen, zur Vorbereitung auf seine künftige Position, allen Kleidungsstücken entsagt hatte.

Die eng verbundenen Freunde beschlossen nach einer
Weile den Versuch zu unternehmen, in einem von ihnen
gebauten Boot das Festland zu erreichen, und nachdem
alle Vorkehrungen getroffen waren, machten sie sich auf
den Weg. Einige Tage vergingen, dann tauchte Land am
Horizont auf. Yamba, ihr Mann und die Kinder erklärten voll Freude, daß es sich um ihre Heimat handele. Sie
befanden, das Entzücken, dort nach einer so beschwerli-
chen Reise sogleich einzutreffen, werde für sie zu groß
sein, und so gingen sie auf einer Insel in einer großen
Bucht an Land. Dort entzündete Yamba als Signale für
ihre Freunde auf dem Festland mehrere Feuer. Das
führte dazu, daß M. de Rougemont, als sie nach einigen
Tagen völliger Ruhe in Sichtweite von Yambas Heimat
gelangten, vom Anblick einer riesigen Menge laut ru-
fender Neger überwältigt wurde, die singend und aufgeregt in der Luft herumfuchtelnd zu ihrer Begrüßung

an den Strand geströmt kamen. Die Begeisterung, die Freundlichkeit und die Achtung, die ihm jene einfachen Menschen entgegenbrachten, kannte keine Grenzen. Sie drängten darauf, daß M. de Rougemont unter ihnen lebte. Er stimmte dem zu, denn er hatte, wie uns Miss Barton und Sir Osbert Sitwell zynisch mitteilen, »keine andere Möglichkeit«. Dann bestanden seine neuen Freunde darauf, ihm eine Frau zu suchen, doch der wakkere M. de Rougemont wollte von keiner anderen als Yamba etwas wissen, und so ehelichte er sie, nach einigem freundschaftlichen Feilschen mit ihrem einstigen Mann. Die Verbindung war glücklich, erfüllte doch Yamba in bemerkenswertem Umfang die hohen Ideale mit Leben, die M. de Rougemont mit Bezug darauf hatte, wie eine Frau beschaffen sein müsse. So berichtet uns der Gatte: »So manches Mal ist dies heldenmütige Geschöpf *hundertfünfzig Kilometer zu Fuß durch das Land gezogen*, um mir einige Halme Salzgras zu bringen; sie hatte gehört, daß es mich nach Salz gelüstete.« Später bewies sie, wie wir sehen werden, ihre Ergebenheit in noch eindrucksvollerer Weise, die noch mehr geeignet ist, die Ansicht der Männer zu stützen, die Weisheit der Vorsehung sei mit den stärkeren Bataillonen. »Der Starke gewinnt die Schlacht«, rufen die Himmel, und den Himmel mag man nicht ohne weiteres ins Unrecht setzen.

M. de Rougemonts Untertanen führten ein äußerst anspruchsloses Leben. Wir erfahren: »Jeden Morgen war ich bei Sonnenaufgang auf den Beinen und hielt, da die Hoffnung in mir nie erlosch, sogleich Ausschau nach einem noch so schwachen Anzeichen eines vorüberkommenden Segels. Als nächstes badete ich in einer vor Haien geschützten Lagune und trocknete mich ab, indem ich über den Strand lief. Inzwischen war Yamba fortgegangen, um Wurzeln für das Frühstück zu sammeln, und nur selten kehrte sie ohne einige meiner geliebten Wasserlilien-Wurzeln zurück ... Die Eingeborenen nahmen täglich nur zwei Mahlzeiten zu sich – das Frühstück zwischen acht und neun Uhr, und am Spätnachmittag ein gewaltiges Festmahl. Gewöhnlich ernährten sie sich von Känguruh-, Emu-, Schlangen- und Rattenfleisch sowie von Fischen. Als besondere Delikatesse galt ihnen ein Wurm, den man in den Vogelkirschbäumen, aber auch in jedem modrigen Baumstamm fand.

Diese Würmer wurden gewöhnlich auf heißen Steinen gebraten. Ähnlich wie Breitling steckte man mehrere von ihnen auf einmal in den Mund. Ich habe sie selbst häufig verzehrt und fand sie überaus wohlschmeckend.«

Inzwischen hatte die Aussicht, dem Helden dieser Abenteuer von Angesicht zu Angesicht zu begegnen, die Leser des *Wide World Magazine* so heftig erregt, daß der Herausgeber des Blattes eine Mitteilung einrücken ließ, in der er erklärte, er erhalte »täglich von überall her Berge von Briefen, in denen gefragt wird, ob M. de Rougemont der englischen Öffentlichkeit wohl Gelegenheit geben werde, ihn in Fleisch und Blut zu erleben. Den Verfassern dieser Briefe können wir lediglich sagen, daß er sich höchstwahrscheinlich demnächst bereit erklären wird, in den bedeutenderen Städten des Vereinigten Königreichs Vorträge zu halten. Überdies sitzt er gerade dem wohlbekannten Maler Mr. John Tussaud, der an einem mustergültigen Portrait jenes einzigartigen Mannes arbeitet, das schon bald in der weltberühmten Galerie in der Marylebone Road zu sehen sein wird. Es ist uns unmöglich, auch nur ein Zehntel der Briefe zu beantworten, die bezüglich M. de Rougemonts bei uns eintreffen, und M. de Rougemont selbst ist eifrig damit beschäftigt, sein wissenschaftliches Material für die gelehrten Gesellschaften aufzuarbeiten und seine Verwandten in Lausanne, Paris usw. aufzuspüren.«

Die Pflichten eines Kannibalenhäuptlings waren bisweilen so peinigend wie anstrengend. Zum Beweis dessen lieferte M. de Rougemont den erschaudernden Lesern des *Wide World Magazine* die Beschreibung dessen, was auf eine Schlacht folgte. Nach seiner Erläuterung, daß die Toten auf eine Art Bahren aus Speeren und Gras gebettet und ins Lager getragen wurden, fährt er fort: »Die Häuptlinge schmückten sich mit prächtigen Kakadufedern und bemalten ihren Leib mit Streifen von rotem und gelbem Ocker sowie anderen leuchtenden Pigmenten.« Der Bericht fährt fort: »So vieles wies auf das hin, was kam, daß mir klar war, ein Kannibalen-Festmahl stand uns bevor. Doch erhob ich aus naheliegenden Gründen weder Einwände dagegen, noch nahm ich erkennbar Kenntnis von der Sache. Die Frauen (ihnen obliegt alles, was mit wirklicher Arbeit zu tun hat) fielen auf die Knie und kratzten mit den Fingernägeln drei lange Gräben in den Sand, jeweils gut zwei Meter lang und knapp hüfttief. In jede dieser so geschaffenen Backgruben legte man die Leiche eines gefallenen Kriegers und füllte sie sodann auf – zuerst mit Steinen, danach mit Sand. Über dem Ganzen wurde ein riesiger Holzstoß aufgeschichtet, entzündet und etwa zwei Stunden lang ein kräftiges Feuer in Gang gehalten. Während der Zubereitung ihrer Mahlzeit herrschten unter den siegreichen Schwarzen beträchtlicher Jubel und offensichtlich große Vorfreude auf die ihnen bevorstehende Schlemmerei. Als es soweit war, wurde das Zeichen gegeben, die Backgruben zu öffnen. Ich warf einen Blick hinein und sah, daß die Körper stark verbrannt waren. An manchen Stellen war die Haut aufgeplatzt, und flüssiges Fett lief heraus ... Doch vielleicht ist es das beste, über das ganze gräßliche Schauspiel möglichst wenig zu sagen. Mit Gebrüll sprangen mehrere Krieger in die Gruben und stießen Speere in die großen »Braten«. Kaum wurden die zubereiteten Kadaver herausgehoben, als sich der ganze Stamm buchstäblich darauf stürzte und jeder sich ein Stück abriß. Ich sah Mütter mit einem Bein oder einem Arm in der Hand von klagenden Kindern umgeben, die lauthals nach ihrem Anteil an dem verlockenden Leckerbissen verlangten.

Die Frauen sind weder so anziehend wie die Männer, noch in Haltung und Auftreten annähernd so friedfertig. Diese bedauernswerten Geschöpfe mußten alle Arbeiten im Lager vollbringen – Hütten bauen, die Nahrung herbeischaffen, zubereiten und auftragen – doch von Zeit zu Zeit ließen sich die Männer dazu herbei, fischen zu gehen; auch veranstalteten sie Treibjagden, wenn größere Mengen an Nahrung nötig waren. Bei diesen ausgedehnten Jagdunternehmungen, die in riesigem Maßstab abgehalten wurden, spielte Feuer eine herausragende Rolle. Gewöhnlich wurde der

Busch in Brand gesetzt, und sobald die aufgeschreckten
Säuger und Reptilien zu Tausenden herauskamen,
durchbohrten die Angehörigen der Jagdgruppen mit
dem Speer jedes Lebewesen, das sich in einem gewissen
Umkreis zeigte. Das Prasseln des sich rasch ausbreiten-
den Feuers, die Tausende von Känguruhs, Opossums,
Ratten, Schlangen, Leguanen und Vögeln, die hierhin
und dorthin stoben, während die Männer Rufe ausstie-
ßen, um die Tiere zu verwirren, und die Frauen, die sich
gelegentlich an einer solchen Jagd beteiligten, mit
schrillem Kreischen, gleich unheimlichen Hexen, im
dichten schwarzen Rauch auf und ab rannten – all das
bot ein Bild, das sich meinem Gedächtnis unauslösch-
lich eingeprägt hat. Wenn gefischt wurde, brach man
entweder am frühen Morgen auf, gleich nach Sonnenaufgang, oder am Abend, sobald es vollständig dunkel
war. In letzterem Fall hielten die Männer große Fackeln
in den Händen, während sie, die Speere erhoben, ins
Wasser wateten, bereit, den ersten großen Fisch zu
durchbohren, auf den sie stießen. Bisweilen befanden
sich hundert Männer gleichzeitig im seichten Wasser, jeder mit einer hellen Fackel. Welchen Eindruck es
machte, wenn diese Fischer hierhin und dorthin stießen, daß das Wasser aufspritzte, dazu Laute der Enttäuschung oder Triumphschreie von sich gaben, läßt sich
wohl besser ausmalen als beschreiben.«

Danach berichtet M. de Rougemont von einer Entdeckung, die in den Reihen der naturwissenschaftlichen
Gesellschaften eine Art wilde Erregung hervorgerufen
haben muß. Er schildert das so: »Eines Tages beschloß
ich auf der Suche nach Wombats, aus deren Haut ich mir

Sandalen machen wollte, eine der Inseln zu erkunden.
Ich wußte, daß sich die Wombats zu zahllosen Tausenden auf den Inseln aufhielten, denn ich hatte sie jeden
Abend bei Sonnenuntergang in ganzen Wolken aufstei-
gen sehen. Wie stets war Yamba meine einzige Beglei-
tung, und bald erreichten wir eine mir vielversprechend
erscheinende Insel.«

Miss Barton und Sir Osbert Sitwell erklären in einer
Anmerkung zu Recht und voll Bewunderung: »Ein
Wombat ist ein Tier, das einem kleinen Bären sehr ähnlich sieht. Die Existenz fliegender Wombats rief, wie
man sich leicht denken kann, unter den Naturforschern
große Aufregung hervor.« Auf der Suche nach diesem
Vierfüßler der Lüfte erlebte M. de Rougemont ein
Abenteuer, das für jeden übel ausgegangen wäre, der
weniger starke Nerven besaß als jener bedeutende Reisende. Wie alle seine Abenteuer mehrte es das Ansehen
und den Ruhm, die er unter seinem auserwählten Volk
genoß. Doch vernehmen wir die Geschichte in seinen
eigenen Worten. »Ich war erst wenige Schritte auf diesem Pfad (im Walde) gegangen, als ich entsetzt unmittelbar vor mir einen riesigen Alligator erblickte. Das
große Reptil, das offensichtlich dem Wasser entgegenstrebte, kam den Pfad entlang auf mich zu geschlurft.
Nicht nur versperrte es mir den Weg, es nötigte mich
auch zum sofortigen Rückzug, denn wegen des dichten
Buschs zu beiden Seiten des schmalen Pfades war es unmöglich, das Untier zu umgehen. In dem Augenblick
erblickte es mich und begann heimtückisch mit den
Kiefern zu schnappen. Ich gestehe, daß ich nicht im entferntesten wußte, auf welche Weise ich gegen den uner-

warteten Besucher vorgehen sollte. Also beschloß ich,
einen kühnen Vorstoß zu wagen, dachte ich doch beständig an das Ansehen, dessen ich für mein Leben unter den Schwarzen so dringend bedurfte.

Daher ging ich stracks auf das tückisch aussehende
Ungeheuer zu, nahm einen kurzen Anlauf, sprang hoch
in die Luft und landete über seinen Kopf hinweg auf seinem schuppigen Rücken. Dabei stieß ich zugleich einen
scharfen Schrei aus, um Yamba herbeizurufen, die ich
beim Boot zurückgelassen hatte.

Kaum war ich auf dem Rücken des Alligators gelan-
det, als ich ihm schon mit voller Kraft meine Streitaxt
auf die Stelle des Kopfes schlug, die mir die verwund-
barste schien. So machtvoll war mein Hieb, daß ich die
Waffe zu meinem Entsetzen nicht wieder aus dem Schädel zu ziehen vermochte. Während ich mich in dieser
ungewöhnlichen Lage befand – auf dem Rücken eines
gewaltigen Alligators stehend und an meiner Streitaxt
zerrend, die unverrückbar in seinem Schädel saß –, kam
Yamba, eins der Paddel in der Hand, den Pfad entlang
gelaufen. Sie stieß es dem Alligator ohne das geringste
Zögern in den Rachen, als er Anstalten machte, nach ihr
zu schnappen. Nun, da das Ungeheuer seinen Kopf weder nach hinten noch nach vorn drehen konnte, zog ich
meinen Dolch und blendete es auf beiden Augen. Nachdem es mir endlich gelungen war, meine Streitaxt frei-
zubekommen, gab ich dem Tier in aller Ruhe den Todes-
stoß. Yamba war nach dieser Leistung ungeheuer stolz
auf mich und lieferte den Angehörigen ihres Stammes
nach unserer Rückkehr ans Festland einen anschauli-
chen Bericht von meiner ausnehmenden Tapferkeit und

Unerschrockenheit. Nach meiner Begegnung mit dem Alligator war ich in den Augen dieser Menschen eine wirklich bedeutende und mächtige Persönlichkeit.«

So bedeutend und mächtig M. de Rougemont auch sein mochte, so hielt er doch die Zeit für gekommen, seinen Glanz wieder in der Welt draußen erstrahlen zu lassen. Da er inzwischen alle Hoffnung aufgegeben hatte, von einem vorüberfahrenden Schiff gerettet zu werden, entschied er sich, von seiner anhänglichen Yamba begleitet, den Weg über Land zu machen. Doch nicht nur sein Weib nahm er mit, sondern auch einen »Eingeborenenpaß. Das ist ein Pflock, dem in Form bestimmter kabbalistischer Zeichen eine Art freimaurerischer Geheimbotschaft eingeritzt ist. Jeder Häuptling hatte einen solchen Pflock, durch die Nasenscheidewand gesteckt, ständig bei sich, ich hingegen führte ihn in meinem langen üppigen Haar mit, das ich als Knoten trug und mit einem Netz aus Opossumhaar zusammenhielt. Dieser als Paß dienende Pflock zeigte seinen unschätzbaren Wert, wenn wir auf andere Stämme stießen, denn er sorgte dafür, daß wir friedlich mit ihnen verkehren konnten.«

Hier meldet sich der Herausgeber des *Wide World Magazine* zu Wort, durch die von M. de Rougemont berichteten sowie die darauf folgenden Ereignisse bis in die Tiefen seines Wesens aufgewühlt: »Man kann sagen, daß die Veröffentlichung der früheren Episoden unseres Fortsetzungsberichts insofern zu einigen wahrhaft erstaunlichen Entwicklungen der Geschichte geführt hat, als hier Menschen aufgetaucht sind, die man längst für tot gehalten hatte. Viel vermögen wir über diese Ent-

wicklungen nicht zu sagen, doch raten wir unseren Lesern nachdrücklich, der Geschichte mit gespanntester
Aufmerksamkeit zu folgen, die auf dem europäischen
Kontinent bereits von Spanien bis Schweden in verschiedene Sprachen übersetzt wird. M. de Rougemont
bittet seine Hunderttausende von Freunden, es ihm
nicht als Unhöflichkeit anzurechnen, daß Arbeitsdruck
ihn gegenwärtig zwingt, alle gesellschaftlichen Verpflichtungen, Vorträge, sonstige Termine usw. abzusa-
gen.«

Und nun teilt uns der idealistisch gesonnene M. de
Rougemont gelassen und nüchtern das erstaunlichste
Beispiel für die Ergebenheit der Frau mit, »bevor diese
Haltung von der Zivilisation verdorben und zur Selbst-
sucht gewandelt wurde«. M. de Rougemont glaubte
nämlich, nachdem ihn Yamba während eines Malariaan-
falls Tag und Nacht hingebungsvoll gepflegt hatte und
er wieder ein wenig zu Kräften kam, an ihr eine deutliche Veränderung wahrzunehmen. »Ich fragte sie, ob ihr
während meiner Krankheit etwas widerfahren sei. Was
ich da zu hören bekam, wird mich bis in meine Todes-
stunde verfolgen. Vielleicht läßt sich in den Annalen der
Menschheit kein eindrucksvollerer Fall weiblicher Auf-
opferung finden. Zu meinem unaussprechlichen Entsetzen teilte sie mir unbewegt mit, sie habe vor kurzem
ein Kind zur Welt gebracht und es *dann getötet und verzehrt*. Es dauerte eine Weile, bis ich mir etwas so Grausi-
ges und Entsetzliches vor Augen führen konnte, und auf
meine Frage, warum sie das getan habe, erläuterte sie:
›Ich fürchtete, du würdest sterben – mich verlassen; außerdem wirst du wohl begreifen, daß ich mich unmög-

lich um dich und das Kind hätte kümmern können. Also tat ich, was ich für das beste hielt.‹ Sie sah, daß ich vor Schaudern förmlich außer mir war, vermochte aber meinen Standpunkt nicht zu verstehen. Noch lange nach dem Vorfall trug sie ein kleines in Rinde gewickeltes Bündel um den Hals, das sie hoch zu schätzen schien.

Eines Tages, als ich mich wieder erholt hatte, sagte sie mir, das Bündel enthalte einige Knöchlein des Säuglings, die sie in liebendem Andenken an das Kind aufgehoben habe.«

Ich nehme an, vom Standpunkt eines Mannes aus läßt sich nicht bestreiten, daß Yamba die ideale Frau war, vereinigte sie doch in sich neben der Tugend, die Bedeutung des Mannes richtig einzuschätzen, einen ausgeprägten praktischen Alltagsverstand mit Mutterliebe.

Doch weiter in unserem Bericht. M. de Rougemont unterzog sich nun einer überaus bemerkenswerten und wirksamen Kur gegen das Kältegefühl, das ihn im Gefolge seiner Krankheit heimsuchte. Nachdem er einen mächtigen Büffelbullen getötet hatte, »entschloß ich mich, die Wirksamkeit eines bei den Eingeborenen äußerst beliebten Mittels gegen das Fieber zu erproben, denn nach wie vor überfiel mich Schüttelfrost zu den ungewöhnlichsten Zeiten, meist aber gegen Ende des Tages. Ganz gleich, wieviel Gras mir Yamba brachte, stets fröstelte ich, und so gedachte ich es jetzt mit tierischer Wärme zu versuchen.

Kaum war dem großen Bullen das Leben entflohen, als ich seinen Leib zwischen den Vorder- und Hinterläufen aufschlitzte und hineinkroch. Dabei vergrub ich

mich richtig in eine Woge aus warmem Blut und Einge-
weiden, so daß nur noch mein Kopf aus dem Rumpf des
Tieres hervorsah. Yamba verstand sehr wohl, was ich
tat, und als ich ihr sagte, ich gedächte auf meinem sonderbaren Ruhelager einen langen Schlaf zu tun, versprach sie, Wache zu halten, damit mich nichts und niemand dabei störe. Ich blieb den Rest des Tages und die
ganze Nacht in der Leibeshöhle des Bullen. Am nächsten Morgen fand ich mich zu meiner sprachlosen Ver-
wunderung gefangen, denn der Kadaver war erkaltet
und erstarrt, so daß mich Yamba buchstäblich aus ihm
ausgraben mußte. Als ich hervorkam, muß ich einen
über alle Maßen furchteinflößenden und scheußlichen
Anblick geboten haben, war ich doch über und über mit
geronnenem Blut bedeckt. Selbst mein langes Haar war
davon ganz steif und verklebt. Doch nie werde ich das
Gefühl der Beschwingtheit und Kraft vergessen, das
über mich kam, als ich dastand und meine getreue Ge-
fährtin ansah. *Ich war vollständig geheilt* – ein neuer
Mann, mit Riesenkräften.«

Leider erwies sich diese Geschichte ebenso wie andere gleichermaßen bemerkenswerte für gewisse Mitglieder der Öffentlichkeit als zu ungeheuerlich, und so
machten sich diese Menschen (in, wie ich finde, äußerst
boshafter Weise) daran, jenen armen, harmlosen Mann
bloßzustellen, der niemandem etwas zuleide getan hatte
und dessen schlimmstes Vergehen darin bestand, daß er
anderen etwas Kurzweil verschafft und ein wenig Ner-
venkitzel in seine eigene kärgliche Existenz gebracht
hatte. In der *Daily Chronicle* erschien Leserbrief auf Leserbrief, und in allen wurde der Kannibalenhäuptling

aufgefordert, persönlich aufzutreten und die Wahrheit seiner Behauptungen zu beweisen. Arglos und tapfer sagte er zu, in den Räumen der *Daily Chronicle* zu erscheinen, so daß man ihn befragen könne. Voll Überraschung sahen seine Peiniger »einen hageren älteren Mann mit einem wettergegerbten faltigen Gesicht, in dessen oberem Teil offenkundige Anzeichen hoher geistiger Fähigkeiten zu erkennen waren. Mit angenehmer und kultivierter Stimme gab er so prompt Antworten auf die ihm gestellten Fragen, daß seine Examinatoren unsicher wurden.« Dasselbe Geschick harrte jenen, die bei öffentlichen Vorträgen Hatz auf ihn machten.

Doch für die *Daily Chronicle* war sein Untergang beschlossene Sache, und so veröffentlichte das Blatt, nachdem es ungemein ausführliche Nachforschungen angestellt hatte, die wahre Geschichte von M. de Rougemonts ereignislosem und dürftigem Dasein.

Zwar war er nie Kannibalenhäuptling gewesen, doch hatte er es einst bis zur Stellung des Butlers einer Lady Robinson in Australien gebracht. Sein wahrer Name war nicht de Rougemont, sondern Grin; er stammte aus der Schweiz und hatte einst bei Fanny Kemble[1] die Position eines Bedienten und ›Reisemarschalls‹ bekleidet. In den frühen siebziger Jahren war er in Australien umhergezogen und hatte dann 1898 durch sein Auftreten etwas Leben in unser Land gebracht. Ob die Bibliothek des Britischen Museums in ihm den Wunsch wachgerufen hat, als Kannibalenhäuptling bekannt zu werden, ist unklar, jedenfalls hat er manche Woche an jenem Hort

---

1 Berühmte englische Schauspielerin (1802-1893). [A.d.Ü.]

der Gelehrsamkeit zugebracht, bevor er in Gestalt des
M. Louis de Rougemont den tief beeindruckten Herausgeber des *Wide World Magazine* aufsuchte. Mir ist die
Vorstellung angenehm, daß er Ruhm und Wohlstand
genossen hat, wenn auch nur für so kurze Zeit, denn
sein späteres Geschick ist grausam und unverdient. Sir
Osbert Sitwell berichtet uns in seinem Vorwort zu dem
Buch, dem ich diese Geschichte verdanke: »Der Verfasser erinnert sich deutlich, daß er so manches Jahr eine
hochgewachsene, schlanke, gebeugte bärtige Gestalt in
der Shaftesbury Avenue oder in Piccadilly Zündhölzer
feilbieten gesehen hat. Dies Gespenst der Straßen trug
einen alten, stark abgetragenen Mantel, über dessen
Kragen das schüttere Haar fiel, und zeigte ein gelasse-
nes, weltweises und eigenartig kluges Gesicht.« Man
erklärte ihm zu wiederholten Malen, daß es sich bei diesem Mann um Louis de Rougemont handele. Ob sich
das so verhielt oder nicht, mit der Nachricht vom Tode
dieses Forschungsreisenden oder Schwindlers, was
auch immer er gewesen sein mag, entsagte dies traurige
und gedankenvolle Gespenst weiteren Auftritten in einer vielbeschäftigten Welt.

   Ich wüßte gern, ob die Peiniger jenes harmlosen Ge-
schöpfs je an dem Mann vorübergekommen sind, den
sie so mitleidlos zugrundegerichtet hatten, und ob sie
sich in dem Fall vor seinem milden Blick, in dem kein
Vorwurf lag, geschämt haben.

Vom Nutzen
des Nachruhms

Die Physiognomie überlebt uns«, schrieb Sir Thomas Browne, »sie endet nicht in unserem Grabe. Wer über solche Dinge streng denkt, könnte beim Anblick dieser dauerhaften Überreste nicht nur meinen, sie eigneten sich zum Gedenken an die einstige Existenz von Menschen, fruchteten aber gleichwohl künftigen Wesen nur wenig. Weshalb man es eingedenk der Macht, der alle Dinge unterworfen sind und welche die verstreuten Atome von beliebigen Orten wieder zu versammeln oder kenntlich zu machen vermag, für überflüssig erachten kann, eine Auferstehung aus Überresten zu erwarten. Wo nur die Seele überdauert, vermag anderes die Unverwechselbarkeit des Individuums zu retten, versieht man es nur mit passendem Zubehör.«

Nun folgt die Geschichte der Gebeine eines Mannes, der »nicht im Wohlstand lebte und in einem kalten Mornat abgezehrt starb« – John Milton, dem man einst für seine Dichtung *Das verlorene Paradies*[1] £20 gezahlt hatte. Ebensogut aber könnte es auch die Geschichte der Gebeine der jüngsten Miss Smith sein. Auf jeden Fall aber

[1] Einer der bedeutendsten Vertreter der englischen Literatur (1608-1674). Die genannte Dichtung mit dem Titel *Paradise Lost* ist ein umfassendes epochales Menschheitsepos im Geist des Puritanismus und zugleich Miltons Hauptwerk. In mehr als zehntausend (!) Blankversen behandelt es Schöpfung und Sündenfall und hat mit seinen kühnen allegorischen Bildern nicht nur die gesamte englische Romantik beeinflußt, sondern auch die deutsche Literatur (beispielsweise Klopstocks Messias). Mit seinen Schriften setzte sich M. nicht nur für die puritanische Republik ein, sondern auch für Pressefreiheit, religiöse Toleranz, das Recht auf Ehescheidung und vieles andere. [A. d. Ü.]

PARADISE
LOST.

BOOK I.

F Mans Firſt Diſobedience, and *Sin*
       the Fruit
Of that Forbidden Tree, whoſe
       mortal taſt
Brought Death into the World,
       and all our woe,
With loſs of *Eden*, till one greater Man
Reſtore us, and regain the bliſsful Seat,
Sing Heav'nly Muſe, that on the ſecret top
Of *Oreb*, or of *Sinai*, didſt inſpire
That Shepherd, who firſt taught the choſen Seed,
In the Beginning how the Heav'ns and Earth
Roſe out of *Chaos* : Or if *Sion* Hill   10
Delight thee more, and *Siloa's* Brook that flow'd
Faſt by the Oracle of God ; I thence
Invoke thy aid to my adventrous Song,
That with no middle flight intends to ſoar
           A   Above

Faksimile der Anfangsseite
der Erstausgabe
von John Miltons »Paradise lost«

war einem dankbaren Land darum zu tun, ihnen eine Heimstatt zu bieten.[1]

»Die erste Reihe der Sammlung *Notes and Queries* [Anmerkungen und Fragen] enthält in Bd. V, S. 369 (17. April 1852) eine Anmerkung, aus der folgender Auszug stammt: ›In Bd. V ist auf S. 275 die Rede von Cromwells Schädel; da mag es nicht unangebracht sein, wenn ich Ihnen mitteile, daß ich einst eine von Miltons Rippen in der Hand hatte. Cowper[2] äußert sich empört über die schändliche Entweihung des Grabes unseres göttlichen Dichters, bei der insgeheim einige Knochen verteilt wurden. Einer davon fiel einem alten und hochgeschätzten Freund zu, und in dessen Haus, das nicht weit von London entfernt liegt, habe ich vor etwa fünfundvierzig oder fünfzig Jahren die genannte Rippe häufig aufmerksam betrachtet.‹

Cowpers Verse, auf die dort angespielt wird, entstanden im August des Jahres 1790 und tragen die Überschrift

[1] Alles Nachstehende ist John Ashtons Werk *Waifs of the Eighteenth Century* (Heimatlose Kinder des 18. Jahrhunderts) mit freundlicher Genehmigung von dessen Verlag Hurst and Blackett, Ltd. entnommen.

[2] William Cowper, ein englischer Dichter des 18. Jahrhunderts, der an der Schwelle zur Romantik stand. Bekannt wurde er vor allem durch seine Homer-Übertragungen und seine Briefe. (A. d. Ü.]

Stanzas

*On the late indecent Liberties
taken with the remains of the great Milton.
Anno 1790*

Me too, perchance, in future days,
The sculptured stone shall show,
With Paphian myrtle or with bays
Parnassian on my brow.

But I, or ere that season come,
Escaped from every care,
Shall reach my refuge in the tomb,
And sleep securely there.

So sang, in Roman tone and style,
The youthful bard, ere long
Ordain'd to grace his native isle
With her sublimest song.

Who then but must conceive disdain,
Hearing the deed unblest,
Of wretches who have dared profane
His dread sepulchral rest?

Ill fare the hands that heaved the stones
Where Milton's ashes lay,
That trembled not to grasp his bones
And steal his dust away!

O ill-requited bard! neglect
Thy living worth repaid,
And blind idolatrous respect
As much affronts thee dead.

Stanzen

Über die jüngst begangene ruchlose Schändung
der sterblichen Überreste des großen Milton.
Anno 1790

Auch mich mag in künftigen Tagen
Der behauene Stein mit Myrten bekränzt zeigen
Oder mit dem Lorbeer des Parnaß auf der Stirn

Doch zuvor werde ich, aller Sorgen ledig,
Meine Zuflucht im Grab gefunden haben
und in seinem Schutz ruhen.

So sang, in römischem Ton und Stil
Der junge Barde, dem es von alters her
Bestimmt war, die Insel seiner Geburt
Mit dem gewaltigsten Lied zu schmücken.

Wer kann anderes als Verachtung empfinden,
Wenn er von der ruchlosen Tat Elender hört,
Welche die erhabene Ruhe seines Grabes
Voll Niedertracht zu stören wagten?

Ein Fluch den Händen, die jene Steine hoben,
Unter denen Miltons Asche lag, und
Die nicht zitterten, als sie seine Gebeine ergriffen
Und sich seines Staubes bemächtigten!

O Barde, wie schlecht ward dir gelohnt!
Als Lebenden vernachlässigte man dich,
Und ebensosehr kränkt den Toten
Dich blind vergötternde Achtung.

Leigh Hunt[1] besaß eine Locke Miltons, die ihm ein Arzt
geschenkt hatte. Von ihr ließ er sich so entflammen, daß
er nicht weniger als drei Sonette an den Spender verfaßte, die sich in seinem 1818 veröffentlichten Werk
Foliage auf den Seiten 131, 132, 133 finden. Das nachstehende ist das beste:

To – M. D.

On his giving me a lock of Milton's hair.

It lies before me there, and my own breath
Stirs its thin outer threads, as though beside
The living head I stood in honoured pride,
Talking of lovely things that conquered death.
Perhaps he pressed it once, or underneath,
Ran his fine fingers, when he leant, blank-eyed,
And saw, in fancy, Adam and his bride
With their heaped locks, or his own Delphic wreath.
There seems a love in hair, thought it be dead.
It is the gentlest, yet the strongest thread
Of our frail plant – a blossom from the tree
Surviving the proud trunk – as if it said,
Patience and Gentleness is Power. In me
Behold affectionate eternity.

---

1 James Henry Leigh Hunt (1784-1859). Dieser bekannte englische Essayist
sah sich selbst vorwiegend als Lyriker. Beispielsweise erschienen schon
1801 seine zwischen dem 12. und 16. Lebensjahr verfaßten Gedichte unter
dem Titel *Juvenilia* als Sammelband. Er war mit den romantischen Dich-
tern Byron, Keats und Shelley befreundet; nachdem die Freundschaft zu
Byron zerbrochen war, erregte Hunt großes Aufsehen mit seinem Buch
Lord Byron und einige Zeitgenossen, da er darin vieles enthüllte, was als skan-
dalös empfunden wurde. [A. d. Ü.]

An – M. D.

Darüber, wie er mir eine Locke von Miltons Haar gab

Dort liegt sie vor mir, und unter meinem Atem
Erbeben ihre dünnen äußeren Strähnen, als stünde ich
Geehrt und stolz neben dem Haupt des Lebenden
Und spräche über großartige Dinge, die den Tod
                          besiegten.
Vielleicht drückte er sie einst, oder fuhr mit seinen
Edel geformten Fingern darunter, wenn er sich
                    blicklosen Auges vorbeugte
Und vor sich Adam und seine Braut sah oder seinen
                    eigenen Delphischen Kranz.
Liebe scheint im Haar zu liegen, sei es auch tot.
Es ist die feinste und zugleich auch festeste Faser
Unserer gebrechlichen Pflanze – eine Blüte des Baumes,
Die den stolzen Stamm überdauert – als sagte sie,
Macht ist Geduld und Sanftheit.
Erblicke liebevolle Ewigkeit in mir.

Wie gelangte man in den Besitz solcher persönlicher
Überbleibsel? Durch Beraubung von Gräbern, Grab-
fledderei. Shakespeare schleuderte einen feierlichen
Fluch gegen jeden, der es wagen sollte, sich an seinem
Leichnam zu schaffen zu machen, und man nimmt an,
daß seine sterblichen Überreste unangerührt blieben.

> Bei Jesus, Freund, laß dich beschwören,
> Den stillen Staub hier nie zu stören!
> Mein Segen, achtest du den Stein –
> Verflucht, wer rührt an mein Gebein!

Milton jedoch unterließ es, seinen beklagenswerten Leichnam mit einem solchen Bann zu belegen – und schon ziemlich bald, nachdem man ihn im Jahre 1674 beigesetzt hatte, schafften Unbekannte den Stein beiseite, der anzeigte, wo sich seine Grabstätte befand. So heißt es in Aubreys[1] *Lives* (Bd. III, S. 450): ›Vermutlich rund zwei Jahre, nachdem die Stufen zum Abendmahlstisch gelegt wurden (1681), ist sein Grabstein verschwunden, und jetzt liegen Jo.[seph] Speed und er beisammen.‹ So also kam es, daß nichts in der Kirche des Hl. Ägidius[2] in Cripplegate, in der Milton sein Grab gefunden hatte, an die Stelle gemahnte, die als Ort seiner letzten Ruhe vorgesehen war, und auch sonst machte nichts auf seine Beisetzung in jener Kirche aufmerksam, bis Samuel Whitbread[3] im Jahre 1793 eine würdige Marmorbüste des Dichters aufstellen ließ, die von Bacons[4] Hand stammte. Ihre Inschrift gab Geburts- und Todesdatum an und wies darauf hin, daß auch Miltons Vater dort begraben liege.

Dazu angeregt haben dürfte Mr. Whitbread die allem Anschein nach 1790 erfolgte Entweihung von Miltons Grab. Über sie existiert eine gut geschriebene Darstellung von Philip Neve aus Furnival's Inn, mit dem Titel ›Ein Bericht über die Exhumierung von Miltons Sarg in der Pfarrkirche St. Ägidien, Cripplegate, am Mittwoch, 4. August 1790; sowie über die Behandlung des

---

1 John Aubrey (1626-1697), englischer Altertumsforscher. [A. d. Ü.]

2 St. Giles [A. d. Ü.]

3 Britischer Politiker (1758-1815), der an zahlreichen Reformen mitwirkte. [A. d. Ü.]

4 John Bacon (1740-1799), zu seiner Zeit hochberühmter und vielfach preisgekrönter englischer Bildhauer. [A. d. Ü.]

St. Giles
Cripplegate Church London

Leichnams im Verlaufe jenes und des darauf folgenden
Tages.‹

Da dieser Bericht nicht lang ist, kann ich ihn wohl un-
gekürzt wiedergeben, denn ihn beschneiden hieße ihn
verderben. Sein Abdruck *in extenso* gibt dem Leser eine
bessere Möglichkeit zu beurteilen, ob hier wirklich Miltons sterbliche Hülle aus ihrem Grab geholt wurde.

Ein Bericht usw.

Da ich am Samstag, dem 7. August 1790, im *Public Advertiser* gelesen hatte, in der Pfarrkirche von St. Ägidien
in Cripplegate sei Miltons Sarg exhumiert worden und

könne in jener Kirche besichtigt werden, brach ich sofort dorthin auf. Dabei erwies sich, daß der letzte Teil der Aussage unrichtig war, doch ergaben sich nachstehende Tatsachen aus mehreren von mir an jenem Tag sowie am Montag, dem neunten und Dienstag, dem zehnten August geführten Gesprächen mit dem Anwalt Thomas Strong, F.A.S., aus der Red Cross Street, Kirchspielschreiber in jener Gemeinde; dem Silberschmied John Cole aus Barbican[1], Kirchenältester; dem Pfandleiher John Laming, Barbican, und dem Gastwirt Mr. Fountain aus dem Beech Lane, beide Armenpfleger der Kirchengemeinde; dem mit Mr. Laming befreundeten Wundarzt Taylor aus Stanton in der Grafschaft Derbyshire, Gast in Lamings Haus; dem Sargtischler William Ascough aus der Fore Street, Küster; Benjamin Holmes und Thomas Hawkesworth, Arbeiter bei Mr. Ascough; Mrs. Hoppey aus der Fore Street, Kirchendienerin; Mr. Ellis, Lamb's Chapel Nr. 9, Schauspieler am Royalty Theatre; sowie dem Uhrfedermacher John Poole (Sohn des Rowland Poole) aus der Jacob's Passage in Barbican:

Da eine Anzahl Menschen erwägt, für die Errichtung eines Grabmals zu Miltons Andenken, das in der Pfarrkirche von St. Ägidien, Cripplegate, errichtet werden soll, eine beträchtliche Summe Geldes aufzubringen, und da man die genaue Stelle seiner Beisetzung seit vielen Jahren nur vom Hörensagen kannte, haben mehrere der angeseheneren Gemeindemitglieder bei ihren Zusammenkünften häufig den Wunsch ausgedrückt, man möge

1 Londoner Stadtteil in der Nähe der heutigen City. [A. d. Ü.]

nach seinem Sarg graben, um eindeutige Hinweise auf dessen tatsächliche Lage zu erhalten, bevor man das genannte Grabmal errichte. Im Begräbnisregister findet sich unter den Eintragungen vom zwölften November 1674 »John Milton, Gentleman, Schwindsucht, Chor«. Die im Jahre 1030 errichtete Ägidienkirche zu Cripplegate brannte (mit Ausnahme des Turmes) 1545 nieder und wurde wieder aufgebaut. Im Jahre 1682 und noch einmal 1710 wurden Schäden an ihr behoben und bei der Instandsetzung des Jahres 1682 im Inneren des Gebäudes folgende Änderung vorgenommen: Man verlegte die Kanzel vom zweiten Pfeiler, nördlich des Chors, an dem sie stand, an die Südseite des damals errichteten heutigen Chors und stellte dort Bänke auf, wo sich einst der Chor befunden hatte. Der Überlieferung nach war Milton unterhalb des Altartisches im Chor beigesetzt worden; doch da man in den letzten Jahren nicht weiter auf die genannte Veränderung achtete, haben Küster, Kirchendiener und andere ehrenamtliche Helfer der Kirchengemeinde Besucher, die sich bei ihnen nach Miltons Begräbnisstätte erkundigten, insofern irregeleitet, als sie ihnen die Stelle unterhalb des Altartisches zeigten. Mir selbst hat man sie bei zwei zeitlich auseinanderliegenden Gelegenheiten als die Stelle bezeichnet, an der Milton zur letzten Ruhe gebettet wurde.

Auch hat man sogar den vor einigen Jahren verstorbenen Mr. Baskerville, der in seinem Testament neben Milton beigesetzt zu werden begehrt hatte, in der frommen Absicht, diesen Wunsch zu erfüllen, dort begraben, wo sich inzwischen der Chor befindet.

Zur Zeit, im August, wird an der Kirche eine allgemeine Instandsetzung vorgenommen, für die £ 1350
vorgesehen sind, und da Mr. Strong, Mr. Cole sowie
andere Gemeindemitglieder – durchaus einleuchtend –
die Ansicht vertreten, die Suche lasse sich mit weit weniger Unbequemlichkeit für den Pfarrbezirk jetzt vornehmen, da ohnehin an der Kirche gearbeitet wird, als
zu jedem späteren Zeitpunkt nach Beendigung der bezeichneten Instandsetzungsarbeiten, hat Mr. Cole den
Werkleuten in den letzten Julitagen den Auftrag erteilt,
nach dem Sarg zu graben. Mr. Ascough, wie auch sein
Vater und sein Großvater, waren seit mehr als neunzig
Jahren Kirchenälteste von St. Ägidien. Mr. Ascoughs
Großvater, der mit vierundachtzig Jahren im Februar
1760 starb, hatte häufig gesagt, Milton sei unter dem
Altartisch im Chor beerdigt worden. Der siebzigjäh-
rige John Poole hatte nicht nur gehört, was ihm sein Vater nach den Erzählungen jener, die ihn noch gekannt
hatten, über Milton berichtete, sondern auch, daß er
unter der Kirchenbank der Ratsherren begraben liege.
Sie war genau in jenem Teil des Chors errichtet worden,
wo einst der Altartisch gestanden hatte. Diese im Pfarrbezirk umlaufenden Überlieferungen hatten Mr.
Strong und Mr. Cole dazu veranlaßt, nördlich des gegenwärtigen Chors in Richtung auf den Pfeiler graben
zu lassen, an welchem einst Kanzel und Altartisch gestanden hatten. Am Nachmittag des Donnerstag,
3. August, wurde diesen beiden Herren mitgeteilt, daß
der Sarg gefunden sei. Sogleich begaben sie sich zur Kirche und gelangten im Schein einer Kerze unterhalb der
Kirchenbank der Ratsherren an die bezeichnete Stelle

im kalkhaltigen Boden. Der Sarkophag befand sich
unmittelbar über einem Holzsarg, von dem man vermutete, in ihm ruhe Miltons Vater, denn stets hatte es
geheißen, Milton sei am Begräbnisplatz seines Vaters
beigesetzt worden. Die Eintragung im Sterberegister
für diesen lautet: ›John Melton, Gentleman, 15. März
1647‹. Da man im gesamten Bereich zwischen dem gegenwärtigen Chor, wo man eine Öffnung im Boden ge-
schaffen hatte, und der Stelle des einstigen Altartisches
auf keinen weiteren Sarg gestoßen war, konnte es nicht
dem geringsten Zweifel unterliegen, daß es sich hier um
den Sarg Miltons handelte. Die beiden ältesten im Boden dazwischen gefundenen Särge trugen Aufschriften,
die Mr. Strong kopierte; sie stammen aus den ver-
gleichsweise späten Jahren 1727 und 1737. Als er und
Mr. Cole den Sarkophag untersuchten, ließen sie sich
Wasser und eine Bürste bringen, damit sie ihn säubern
konnten, um einer Inschrift, Initialen oder einem Da-
tum auf die Spur zu kommen; doch fanden sie trotz
gründlicher Reinigung nichts.

Unter den nachstehenden Angaben, die ich von
Mr. Strong schriftlich bekam, befinden sich die Maße
des Sarkophags, die er grundsätzlich zu nehmen pflegt.
›Ein Bleisarkophag, der unterhalb der Kirchenbank der
Ratsherren an der Nordseite des Chors gefunden
wurde, nahezu unter der Stelle, da einst Kanzel und Altartisch standen. Er wirkte alt, stark zerfressen und wies
weder eine Inschrift noch eine Tafel auf. Er war fünf Fuß
zehn Zoll lang und maß an der breitesten Stelle, über
den Schultern, einen Fuß vier Zoll.‹ Natürlich verfielen
sowohl Mr. Strong als auch Mr. Cole auf den Gedan-

ken, daß große Aussichten bestanden, auf dem Holzsarg, der unter dem Bleisarkophag stand, eine Aufschrift zu finden, wenn man diesen fortnahm; doch
unterließen sie es aus gebührender und lobenswerter
Pietät, den Frieden der geweihten sterblichen Überreste
nach einer Ruhezeit von einhundertsechzehn Jahren zu
stören. Nachdem sie ihre Wißbegier befriedigt und sich
dessen vergewissert hatten, was Gegenstand ihrer Suche gewesen war, ordnete Mr. Cole an, den Boden wieder zu schließen. Das war am Nachmittag des Dienstag,
3. August. Als ich Mr. Strong am Vormittag des Samstag, 7. August, aufsuchte, teilte er mir mit, man habe
den Sarkophag am Dienstag gefunden, und er habe ihn
gemeinsam mit Mr. Cole untersucht, gesäubert und
vermessen. Der Boden sei, gleich nachdem sie die Kirche verlassen hatten, wieder geschlossen worden, denn
sie zweifelten nicht daran, daß man Mr. Coles Anweisungen gewissenhaft nachgekommen sei. Doch scheint
genau das Gegenteil der Fall gewesen zu sein.

Am Abend des Dienstag, 3. August, saßen Mr. Cole,
Mr. Laming, Mr. Taylor, Mr. Holmes usw. Mr. Coles
Worten zufolge vergnügt in Fountains Gasthaus beisammen. Da sich die Unterhaltung darum drehte, daß
man Miltons Sarkophag entdeckt habe und im Laufe
des Abends mehrere Anwesende den Wunsch äußerten,
ihn sehen zu dürfen, erklärte sich Mr. Cole bereit zuzu-
lassen, daß das Verschließen der Grabungsstelle hinaus-
geschoben werde, bis diese ihre Neugier befriedigt hatten, sofern der Boden nicht schon geschlossen sei. Am
Vormittag des Mittwoch, 4. August, begaben sich die
beiden Armenpfleger Laming und Fountain zusammen

John Milton
(1608–1674)
Punktierstich von Mariano Bovi

mit Mr. Taylor zum Hause des Küsters Mr. Ascough,
das zum Friedhof hin liegt, und fragten nach Holmes.
Sodann gingen sie mit diesem in die Kirche und zogen
den Sarkophag, der tief im Boden lag, von seinem ursprünglichen Platz bis zum Rande der Ausgrabungsstelle ans Tageslicht. Mr. Laming hat mir berichtet, daß
er, um beim Transport zu helfen, mit der Hand in ein
durch Fraß entstandenes Loch im Sarkophag gefaßt
habe, das er an dessen Fuß sah. Als sie den Sarkophag
fortgenommen hatten, fragten die Armenpfleger Mr.
Holmes, ob er ihn nicht öffnen könne, um ihnen einen
Blick auf den Leichnam zu gestatten. Mr. Holmes holte
sogleich einen weichen Hammer und einen Meißel, mit
denen er das obere Ende des Sarkophags schräg vom
Kopfende her bis in Brusthöhe aufschlitzte, so daß sie
die Leiche sehen konnten, nachdem das obere Ende zu-
rückgebogen war. Auch am Fußende öffnete er den Sarkophag in dieser Weise. Auf den ersten Blick schien die
vom Leichentuch mit seinen vielen Falten fest umhüllte
Leiche in einwandfreiem Zustand zu sein. Die Rippen
standen völlig normal beieinander, fielen aber hernie-
der, als sie das Leichentuch beiseitezogen. Mr. Fountain
sagte mir, er habe kräftig an den Zähnen gezogen, diese
hätten jedoch widerstanden, bis jemand mit einem
Stein dagegengeschlagen habe, worauf sie sich leicht lö-
sten. Der Oberkiefer enthielt nur fünf Zähne, die aber
ausnahmslos tadelsfrei und weiß waren. Mr. Fountain
nahm sie alle an sich; einen davon gab er Mr. Laming.
Mr. Laming nahm auch einen Zahn aus dem Unterkiefer, und Mr. Taylor zwei. Mr. Laming sagte mir, er
habe eine Weile erwogen, den gesamten Unterkiefer mit

den Zähnen darin an sich zu bringen. Er hatte ihn in der
Hand, warf ihn aber wieder zurück. Auch habe er den
Schädel angehoben und eine Menge Haar gesehen, das
gleichmäßig und gerade dahinter lag, so wie man es vor
der Beisetzung gekämmt und zusammengebunden
hatte. Doch sei es naß gewesen, denn der Sarkophag
habe an Kopf- wie Fußende zahlreiche Korrosionslö-
cher aufgewiesen, durch die ein großer Teil des Wassers,
mit dem man ihn am Dienstagnachmittag abgewaschen
hatte, eingedrungen sei. Bald darauf gingen die Armenpfleger und Mr. Holmes fort, während Mr. Laming
und Mr. Taylor nach Hause gingen, um eine Schere zu
holen. Als sie gegen zehn Uhr zurückkehrten, stieß Mr.
Laming mit seinem Spazierstock gegen den Schädel
und hob das Haar über die Stirn. Doch als sie sahen, daß
es der Schere nicht bedurfte, ergriff Mr. Taylor das Haar
so, wie es auf der Stirn lag, und nahm es mit nach
Hause. Durch das am Dienstagnachmittag eingedrun-
gene Wasser war am Boden des Sarkophags eine Art
Schlammschicht entstanden, der ein Übelkeit erregender Geruch entströmte. Das war auch der Grund dafür
gewesen, daß Mr. Laming das Haar mit dem Stock angehoben hatte, um daranzugelangen, denn er wollte
den Schädel nicht ein weiteres Mal anheben. Auch einen
der Beinknochen nahm Mr. Laming heraus, warf ihn
dann aber wieder hinein. Holmes hatte die Kirche verlassen, als Mr. Laming, Mr. Taylor und Mr. Fountain
das erste Mal dort gewesen waren, und er kehrte zurück, als sie sich zum zweiten Mal dort aufhielten. Als
schließlich Mr. Laming und Mr. Taylor die Kirche verlassen hatten, wurde der Sarkophag vom Rande der

Ausgrabungsstelle an seinen ursprünglichen Platz zu-
rückgebracht, aber lediglich dadurch verschlossen, daß
man den Deckel dort, wo man ihn aufgeschnitten und
aufgeklappt hatte, wieder zurückbog. Der Küster Mr.
Ascough war den größten Teil jenes Tages und die
Kirchendienerin Mrs. Hoppey den ganzen Tag außer
Hauses. Daher kümmerte sich jetzt die Totengräberin
Elizabeth Grant, Mrs. Hoppeys Bedienstete, um den
Sarkophag. Da er dort, wo er unterhalb der Kirchenbank der Ratsherren stand, ohne Zuhilfenahme einer
Kerze nicht zu sehen war, hielt sie in der ausgehobenen
Grube eine Zunderbüchse bereit, mit deren Hilfe sie
Feuer schlug, wenn Besucher kamen, die sie sodann an
die Stelle unter der Bank führte. Dort zeigte sie den
Leichnam gegen Bezahlung von zuerst sechs, später
drei und zwei Pennies pro Person, indem sie den aufge-
schnittenen Teil des Deckels zurückklappte. Da die in
der Kirche tätigen Werkleute die Türen vor jedermann
geschlossen hielten, der nicht bereit war, den Preis einer
Kanne Bier als Eintritt zu zahlen, stiegen viele, um die
Eintrittgebühren zu umgehen, durch das an der West-
seite der Kirche in der Nähe von Mr. Ascoughs Kontor
gelegene Fenster ein.

Ich ging am Samstag, dem 7., zu Mr. Lamings Haus,
wo ich um eine Haarlocke bitten wollte; doch da ich
Mr. Taylor dort nicht antraf, ging ich am Montag, dem
9., erneut hin und bekam von Mr. Taylor einen Teil des
Haars, das er für sich selbst behalten hatte. Da mir Hawkesworth am Samstag mitgeteilt hatte, der Schauspieler
Mr. Ellis habe nicht nur einen Teil des Haares an sich genommen, sondern er habe auch gesehen, daß dieser eine

Rippe in seinen Besitz gebracht und sie in Papier gewik-
kelt unter seinem Mantel davongetragen habe, begab
ich mich am Montag von Mr. Lamings Haus zu Mr. Ellis. Dieser sagte mir, er habe Elizabeth Grant sechs
Pennies gegeben, um die Leiche sehen zu dürfen, am
Sarkophag den Schädel angehoben und aus dem darunter befindlichen Schlamm eine geringe Menge von Haaren genommen wie auch ein Stück des darin liegenden
Leichentuchs. Außerdem habe an den Haaren noch ein
Stückchen der Kopfhaut gehangen, etwa so groß wie
eine Shillingmünze. All das gab er mir in die Hände, zusammen mit dem Knochen, der eine der oberen Rippen
zu sein schien. Das Stück Leichentuch war aus grobem
Linnen. Die Haare, die er an sich gebracht hatte, waren
kurz, ein geringer Teil davon war gewaschen worden,
der Rest befand sich in dem verklebten Zustand, in dem
er sie vorgefunden hatte. Wie er mir sagte, hatte er versucht, bis hinab zu den Händen des Leichnams zu greifen, was ihm aber nicht gelungen sei. Die gewaschenen
Haare entsprachen genau den bereits in meinem Besitz
befindlichen, die ich kurz zuvor von Mr. Taylor bekommen hatte. Ellis hat großes Geschick im Umgang mit
Haar, und er sagte mir, da er es für sehr vorteilhaft hielt,
einiges von Miltons Haar zu besitzen, sei er am Donnerstag erneut zur Kirche gegangen, um ein weiteres
Mal Zutritt zur Leiche zu erlangen, das aber habe man
ihm verwehrt. Von Mr. Ascough erfuhr ich, daß Hawkesworth einen Zahn an sich gebracht und ein Stück aus
dem Sarkophag herausgebrochen hatte. Beides kaufte
ich ihm am Samstag, dem 7., um zwei Shilling ab. Er
sagte mir, als er den Zahn herausgenommen habe, seien

nur noch zwei dagewesen. Einen davon brachte später
ein anderer von Mr. Ascoughs Männern an sich. Außerdem teilte mir Ellis mit, daß keine Zähne mehr dagewesen seien, als er am Mittwoch dort war; allerdings sagen
die Armenpfleger, zwar seien alle Zähne aus dem Kiefer
gelöst gewesen, doch nicht aus dem Sarg genommen
worden. Wahrscheinlich seien einige zwischen die anderen Knochen gefallen, denn sie hätten sich sehr leicht gelöst, nachdem man die ersten herausgezogen hatte. Haslib, der Sohn des Leichenbesorgers William Haslib aus
der Jewin Street, nahm einen der kleinen Knochen an
sich, den ich ihm am Montag, dem 9., für zwei Shilling
abkaufte.

Was die Frage angeht, um wessen Leichnam es sich
handelt, muß man sich größte Zurückhaltung gegenüber den leidenschaftlich vorgetragenen Annahmen
auferlegen, die in Zweifel ziehen, daß es Miltons sterbliche Überreste sind. Die Überlieferungen, die hinsicht-
lich der Begräbnisstätte im Pfarrbezirk umlaufen, das
Alter des Sarkophags – immerhin fand man im aufge-
grabenen Boden keinen weiteren Sarg, der auch nur entfernt in Frage käme oder Anlaß gäbe, diesem gegenüber
zu zweifeln – die von Poole überlieferte Aussage, daß jeder, der mit seinem Vater über Milton sprach, diesen als
schmächtig und langhaarig geschildert habe, die Eintragung im Begräbnisregister, derzufolge Milton an
Schwindsucht verschieden war, bekräftigen im Verein
mit der Größe des Sarkophags nachdrücklich, daß es
sich bei dem Toten um Milton handeln muß. Sollte jemand einwenden, am Pfeiler, an dem einst die Kanzel
stand, und unmittelbar über der Kirchenbank der Rats-

herren befinde sich eine Gedenktafel zur Erinnerung an
die Familie Smith, aus der hervorgehe, daß ›nahe diesem
Platz‹ im Jahre 1653 der 17jährige Richard Smith, 1655
John Smith mit 32 Jahren und 1664 dessen Mutter Elizabeth Smith mit 64, sowie 1675 der Vater Richard Smith
mit 85 Jahren beigesetzt wurden, könnte man ihm zur
Antwort geben, sofern der fragliche Sarg zu einem von
ihnen gehöre, müßten auch die anderen dort zu finden
sein. Der Leichnam ist ganz gewiß nicht der eines Fünf-
undachtzigjährigen; wollte man aber in ihm einen der zuerst genannten Angehörigen der Familie Smith sehen,
müßte man gewißlich auch auf die beiden späteren Särge
stoßen – das aber war nicht der Fall. Auch kann die Gedenktafel erst viele Jahre nach dem Tode des letzten in der
Inschrift genannten Menschen angebracht worden sein,
und zwar, wie es dort heißt, nicht von einem Familien-
mitglied, sondern auf Kosten von Freunden. In dem Fall
bot sich die am Pfeiler nach der Entfernung der Kanzel
freigewordene glatte Fläche als geeigneter Anbringungs-
ort an. Immerhin läßt die Angabe ›nahe diesem Platz‹ auf
einer an der Wand angebrachten Gedenktafel stets einen
gewissen Spielraum mit Bezug auf die wirkliche Stelle
zu. Holmes, der in jener Gemeinde großes Ansehen genießt und in seinem Beruf äußerst tüchtig ist, sagt, ein
Bleisarkophag schrumpfe durch den Druck und sein eigenes Gewicht in der Breite, sobald der darin befindliche
Holzsarg verrottet sei, daher müsse der Sarkophag ursprünglich breiter gewesen sein, als was man jetzt in
Schulterhöhe gemessen habe. Es gibt auch Hinweise darauf, daß er zum Zeitpunkt seiner Entdeckung sowohl
oben als auch an den Seiten einwärts gekrümmt war.

Die entschiedenste Bekräftigung aber liefert das Haar, sowohl wegen seiner Länge als auch wegen seiner Farbe. Man sehe sich den Stich im Quart-Format an, den Fairthorne 1670, fünf Jahre vor Miltons Tod, *ad vivum* angefertigt hat, und beachte, wie die kurzen Lokken zur Stirn hin wachsen und die langen von dort zu beiden Seiten des Gesichts herabhängen. Alle Haare, die Mr. Taylor an sich nahm, stammten von der Stirn, und er nahm sie alle mit einem Griff. Am Montag, dem 9., maß ich die Locke, die er Mr. Laming gegeben hatte: Sie war sechseinhalb Zoll lang, während die Locke, die er am gleichen Ort und zur gleichen Zeit fortgenommen und dann mir gegeben hatte, lediglich zweieinhalb Zoll lang ist. Wie wenige Menschen trugen wie Milton zur Zeit König Karls II. ihr eigenes Haar! Bei Wood heißt es, Miltons Haar sei von hellbrauner Farbe gewesen – just wie die Haare, die wir im Besitz haben; und was außergewöhnlich scheinen mag, sie sind noch so fest, daß Mr. Laming, als er die verklebte Masse reinigen wollte, den Strahl aus dem Hahn der Zisterne nahezu eine Minute lang darauf richtete und es dann zwischen den Fingern rieb, ohne daß ihm das schadete.

Miltons Sarkophag lag von 9 Uhr am Vormittag des Mittwoch, 4. August, bis 4 Uhr nachmittags am folgenden Tag offen, als der Boden wieder geschlossen wurde.

Mit Bezug darauf, daß auf dem Sarkophag keine Inschriften zu finden sind, sagt Holmes, zur Zeit, als Milton beerdigt wurde, habe man Inschrifttafeln einfach deshalb nicht verwendet, weil sie noch gar nicht existierten. Statt dessen habe man zu jener Zeit Inschriften auf die Außenseite des Holzsarges gemalt, der in diesem Fall vollständig zerfallen war.

Nie hat jemand behauptet, außer Mr. Taylor und dem Schauspieler Ellis habe jemand Haare an sich genommen; und die Gesamtheit dessen, was der Letztgenannte nahm, bildet jetzt, da es gesäubert ist, gerade eine kleine Locke. Mr. Taylor hat, was er mitnahm, in viele kleine Strähnchen aufgeteilt. So hatte man die Locke, die ich am Morgen des Samstag, 7., in Mr. Lamings Händen sah und die zu jener Zeit sechseinhalb Zoll lang gewesen war, beim Aufteilen unter dessen Bekannte zerschnitten, so daß Mr. Laming am Montag, dem 9., zu Mittag nur noch eine kleine Strähne von zwei bis drei Zoll Länge besaß.

Alle Zähne sind bemerkenswert kurz und ragen nicht über das Zahnfleisch hinaus. Die fünf, die sich im Oberkiefer befanden, sowie die mittleren Zähne des Unterkiefers sind makellos und weiß. Mr. Fountain nahm die fünf Zähne aus dem Oberkiefer; Mr. Laming einen und Mr. Taylor zwei aus dem Unterkiefer, Hawksworth einen und ein weiterer von Mr. Ascoughs Männern einen. Weitere Zähne hab ich nicht aufzuspüren vermocht, auch ist mir nicht zu Ohren gekommen, daß jemand darüberhinaus welche genommen hätte. Sofern die Annahme der Armenpfleger auf Richtigkeit beruht, daß einige zwischen die anderen Knochen gefallen sind, ist es unwahrscheinlich, daß man mehr als zehn beiseitegeschafft hat.

Wenn ich ein Vorgehen aufzeichne, das wohl jeden freisinnigen Geist mit Entsetzen und Abscheu erfüllt, kann

ich es nicht unterlassen zu erklären, daß ich mir die
Überbleibsel, die sich jetzt in meinem Besitz befinden,
ausschließlich in der Hoffnung verschafft habe, meinen
Anteil zu einer pietät- und ehrenvollen Rückerstattung
all dessen zu leisten, was fortgenommen wurde; es ist
die einzige Wiedergutmachung, die man den mißach-
teten Rechten des Toten, der Gesamtheit der Gemeindemitglieder, denen man damit ebenfalls Schimpf
zugefügt hat, und den Empfindungen aller redlichen
Menschen anbieten kann. Solange an der Kirche gearbeitet wird, läßt sich das leicht bewerkstelligen, denn
die Art des Vorgehens liegt auf der Hand. Unterbliebe
das, würde sich der Pfarrbezirk später vergeblich eines
prunkvollen Grabmals zum Gedenken an Milton rühmen, denn ein solches würde lediglich das Ausmaß ihrer
Schande zeigen, die dessen Großartigkeit entspräche.

Diesen Bericht habe ich aus Angaben zusammenge-
stellt, welche die an jenem überaus frevlerischen Verhalten unmittelbar Beteiligten machten, bevor ihnen die
Stimme der christlichen Nächstenliebe ihren Mangel an
Ehrfurcht vor dem Tode zum Vorwurf gemacht hatte.
Sie spricht all jene von jeglicher Schuld frei, deren ge-
rechtes und freisinniges Empfinden ihre Hand vor
schändlichem Tun bewahrten, doch wird man die Tür-
pfosten der Übeltäter mit dem Blut des Lammes be-
streichen, nicht, um sie zu verschonen, sondern um sie
für die Nachwelt kenntlich zu machen.

Philip Neve
Furnival's Inn
14. August 1790

Mr. Ashton fügt hinzu: »Dieser Mr. Neve, dessen pietätvoller Schauder angesichts der frevlerischen Entweihung des Dichtergrabes erst in der elften Stunde erwacht zu sein scheint und von dem nicht bekannt ist, daß er die empfangenen Überreste zurückgegeben hat, dürfte eben jener P. N. gewesen sein, der 1789 als Verfasser der *Cursory Remarks on some of the Ancient English Poets, particularly Milton* [Beiläufige Bemerkungen zu einigen der alten englischen Dichter, insbesondere Milton] in Erscheinung getreten ist. Das Buch ist ein Werk der Gelehrsamkeit, doch heißt sein Held, wie der Titel erkennen läßt, Milton. Neve rückt ihn an die erste Stelle und vermag kaum Worte zu finden, seinen Genius und Geist hinlänglich zu preisen. Also dürfte in den vorstehenden Bericht über die Entdeckung von Miltons Leichnam ein gewisses Maß an Heldenverehrung mit eingeflossen sein, und es wäre wohl gut, wenn man auch der anderen Seite Gelegenheit gäbe, sich zu äußern, auch wenn der Versuch einer Widerlegung keineswegs so gut belegt und verbürgt ist wie Neves Bericht. Der Text ist anonym in der *St. James's Chronicle* vom 4. bis 7. September 1790 sowie im Septemberheft 1790 des *European Magazine* Bd. XVIII, S. 206-207 erschienen und lautet:

Milton

Gründe, die nachweisen, warum es unmöglich ist, daß der unlängst in der Pfarrkirche von St. Ägidien, Cripplegate, exhumierte Sarg die Überreste MILTONS *enthielt.*

Erstlich. MILTON wurde im Jahre 1674 beigesetzt, sein Sarg aber an einer Stelle aufgefunden, die zuvor einer vermögenden Familie vorbehalten war, die mit seiner eigenen in keiner Verbindung steht – siehe die an der Wand unmittelbar oberhalb von MILTONS angeblicher Grabstätte angebrachte Gedenktafel der Familie Smith mit den Jahreszahlen 1653 usw. Zur selben Zeit wurden Überreste verschiedener anderer Särge gefunden, zusammen mit zwei Schädeln, zahlreichen Knochen und einem Bleisarkophag, den man nicht anrührte, weil er weiter nach Norden zu stand, denn (aus irgend einem oder auch keinem Grund) vermutete man in ihm nicht das Behältnis von Miltons sterblicher Hülle.

Zweitens. MILTONS Haar wird einheitlich als hell beschrieben und dargestellt; doch der bei weitem größte Teil der Zierde seines angeblichen Schädels ist von dunkelstem Braun, ohne die Spur einer Beimischung von Grau.[1] Diese Abweichung läßt sich in keiner Weise mit der Wahrscheinlichkeit vereinbaren. Selten zeigt sich am Haar des Menschen nach der Kindheit eine durchgehende Veränderung der Farbe, und MILTON zählte bei seinem Tode 66 Jahre. In diesem Lebensalter ist das

---

1 Die wenigen helleren Haare waren, so nahm man an, nach der Beisetzung auf den Wangen des Leichnams gewachsen.

menschliche Haar in größerem oder geringerem Umfang mit Weiß durchsetzt. Warum brachten die Armenpfleger usw. lediglich Haar bei, dessen Farbe der Beschreibung von MILTONS Haar entsprach? Von hellem Haar gab es ein wenig; von dunklem eine beträchtliche Menge. Aber dieser Umstand wäre gänzlich unterdrückt geblieben, hätte keine zweite Untersuchung stattgefunden.

Drittens. Der fragliche Schädel ist bemerkenswert flach und klein, und seine Stirn ist so niedrig, wie man sie sich nur denken kann; MILTONS Kopf hingegen war von ansehnlicher Größe und seine Stirn auffallend hoch. Man sehe sich sein Portrait an, das der gewissenhafte Vertue, der sich mit der Übereinstimmung zwischen seinem Werk und dessen Vorbild vollständig zufrieden zeigte, so viele Male gestochen hat. Uns wird versichert, der bei der zweiten Exhumierung des Leichnams anwesende Wundarzt habe lediglich erklärt, daß »die kleine Stirn deutlich vorsprang«.

Viertens. MILTONS Hände waren voller Gichtknoten. Da nun zufällig die linke Hand seines angeblichen Leichnams unberührt geblieben war, konnte sie gründlich untersucht werden. Sie wies keinerlei Spuren kalk- oder kreidehaltiger Substanzen auf, obwohl diese äußerst langlebig sind und bereits an den Fingern von Toten gefunden wurden, die nahezu ebenso lange im Grabe gelegen hatten wie MILTON.

Fünftens. Es gibt Gründe anzunehmen, daß die vorge-
nannten sterblichen Reste zu einer jungen Frauensper-
son gehören (eine der drei Miss Smiths), denn immerhin sind die Knochen zierlich, die Zähne klein, ein
wenig in den Kiefer zurückgezogen und vollkommen
weiß, glatt und makellos. Aus den zerfressenen Becken-
knochen ließ sich nichts Gewisses schließen, und der bereits erwähnte Wundarzt war nicht bereit, sich *mit letzter
Sicherheit* über das Geschlecht des Skeletts zu äußern.
Doch selbst wenn man einräumte, es könne sich dabei
um das eines Mannes handeln, weist schon seine Lage es
als Angehörigen der Familie Smith aus – vielleicht war
es der Lieblingssohn John, dessen Dahinscheiden sein
Vater, Richard Smith Esq. so gefühlvoll beklagt (vgl.
Peck, *Desiderata Curiosa*, S. 536)[1].

Sechstens. MILTON, der nicht im Wohlstand[2] lebte, starb
in einem kalten Monat in abgezehrtem Zustand und
wurde auf Anordnung seiner Witwe beerdigt. Daher

---

1 MDCLV, am VI. Mai, starb in Mitcham, Surrey, mein (jetzt) einziger und
   ältester Sohn, John Smith (Proh Dolor, von allen Menschen geliebt). Er
   wurde beigesetzt am IX. Mai in Sankt Ägidien, Cripplegate.
2 Edward Philips (oder Phillips) sagt in seiner Lebensbeschreibung Miltons,
   die den *Letters of State, written by Mr. John Milton* usw. London 1964, beigegeben ist, auf S. 43: »Es heißt, er habe bei seinem Tode neben dem Hausrat
   ein Vermögen von £ 1500 in bar besessen (alles in allem ein beträchtlicher
   Nachlaß), denn er erlitt Verluste, die ohne weiteres jeden hätten zugrunde
   richten können, der minder sparsam und mäßig lebte als er. Er hatte nicht
   weniger als £ 2000 dem Steueramt zur Sicherung und Vorsorge überlassen,
   unterließ es aber, das Geld rechtzeitig zurückzufordern, und konnte es
   trotz aller Beziehungen zu den Großen seiner Zeit nicht wiederbekom-
   men; außerdem büßte er einen weiteren größeren Betrag durch schlechtes
   Wirtschaften ein und weil es ihm an fachkundiger Beratung mangelte.«

war ein teurer Außensarg aus Blei unnötig und dürfte von einer raffgierigen Frau wohl auch kaum zur Verfügung gestellt worden sein, die zu Lebzeiten ihres Mannes dessen Kinder unterdrückte und sie nach seinem Tode übervorteilte.

Siebtens. Es ist unwahrscheinlich, daß der Umstand von MILTONS Beisetzung unter dem Altartisch, sofern er der Wahrheit entspricht, seinen zahlreichen Biographen so wirksam verheimlicht bleiben konnte. Dieser Umstand wurde aber unverzüglich als alte und wohlbekannte Tradition bezeichnet, sobald die Mitglieder des Pfarrbezirks Cripplegate begriffen, daß die Altertumsforscher voll Begierde auf einen solchen aus waren und sie ihm in ihrer Leichtgläubigkeit auf den Leim gehen würden. Wie ging es zu, daß Bischof Newton, der vor mehr als vierzig Jahren in eben dieser Gemeinde auf ähnliche Nachforschungen drängte, keine solchen Angaben zu erlangen vermochte?[1]

1 Thomas Newton, Bischof von Bristol, vermerkt dazu in seiner Lebensbeschreibung Miltons, die seiner Ausgabe von *Paradise Lost*, London 1749, als Vorwort voransteht: »Sein Leichnam wurde mit gebührendem Anstand nahe dem seines Vaters (der um das Jahr 1647 hochbetagt verschieden war) im Chor der Kirche von St. Ägidien in Cripplegate beigesetzt; und all seine bedeutenden und gelehrten Freunde in London haben ihm, wie auch viele einfache Leute, damit die letzte Ehre erwiesen, daß sie ihm das Geleit zu seinem Grabe gaben. Mr. Fenton sagt in seinem kurzen, aber eleganten Bericht über Miltons Leben an der Stelle, da er anspricht, daß es kein Grabmal unseres Autors gibt, er habe ›einen Freund gebeten, sich in der Kirche von St. Ägidien zu erkundigen, und dort habe ihm der Kirchendiener eine kleine Gedenktafel gezeigt, die man, wie er erklärte, für die Miltons halte, doch sei die Inschrift nie lesbar gewesen, seit er jenes Amt ausübte, das er seit etwa vierzig Jahren innehabe.‹ Das konnte unmöglich

Achtens. Mr. Laming erklärt (vgl. die zweite Auflage von Mr. Neves Aufsatz auf S. 19), vom »Schlamm« auf dem Boden des Sarkophags sei »ein Übelkeit erregender Geruch« ausgegangen. Ein Leichnam, der so alt ist wie der MILTONS, ist aber nicht mehr imstande, auf diese Weise Anstoß zu erregen, auch sondert er nichts mehr ab, was die empfindliche Nase eines Menschen beleidigen könnte, der die Geheimnisse des Grabes zu erforschen trachtet. Es scheint, als stehe diese letzte Anmerkung im Widerspruch zu einer früheren. Die ganze Schwierigkeit kann jedoch durch den Entschluß aufgehoben werden, kein Wort von dem zu glauben, was die Beteiligten aussagten, die in MILTONS angebliche Grabstätte eingedrungen sind. Bei einem Mann, der verpfändete Korsettstangen, Hosen und Unterröcke in die Hand nehmen kann, ohne dabei Widerwillen zu empfinden, darf man vermuten, daß die Fähigkeiten seines Riechorgans nicht besonders hoch entwickelt sind.

in so kurzer Zeit geschehen sein, es sei denn, man habe die Grabschrift mit Absicht gelöscht, und in dieser Annahme, sagt Mr. Fenton, liege ›so viel Unmenschlichkeit, daß ich denke, wir nehmen besser an, sie sei nicht zu seinem Gedenken angebracht worden‹. Es ist offenkundig, daß sie nicht zu seinem Gedenken angebracht wurde und daß sich der Kirchendiener geirrt hat, denn Mr. Toland sagt in seinem Bericht über Miltons Leben, man habe ihn im Chor der Kirche von St. Ägidien in Cripplegate beigesetzt, wo die Frömmigkeit seiner Bewunderer bald ein Grabmal errichten wird, das seiner und der Förderung von Literatur und Kunst unter König Wilhelms Herrschaft würdig ist.‹ Daraus geht deutlich hervor, daß ihm zu jener Zeit – der Text wurde 1698 verfaßt – noch kein Grabmal gewidmet war. Mr. Fentons Bericht wurde, glaube ich, erstmals 1725 veröffentlicht, und so liegen zwischen beiden Berichten nicht mehr als siebenundzwanzig Jahre. Daher muß sich der Kirchendiener geirrt haben, von dem es heißt, er habe sein Amt seit etwa vierzig Jahren innegehabt, und das Grabmal muß für einen anderen Menschen als Milton errichtet worden sein. «

Neuntens. Uns hat weder Wood, noch Philips, Richardson, Toland usw. davon in Kenntnis gesetzt, daß die Natur MILTON unter ihren anderen Gaben, mit denen sie ihn beschenkte, auch mit einer ungewöhnlich großen Zahl von Zähnen ausgestattet hätte. Dennoch haben die charakterfesten Ehrenmänner, die bei der Plünderung seines vorgeblichen Leichnams mitgewirkt haben und diesem jede Kränkung widerfahren ließen, deren brutale Gemeinheit fähig ist, davon als angeblichen Inhalt seines Mundes über hundert Zähne verhökert. Dank der gütigen Vorsehung jedoch wurde sein Leichnam bisher lediglich stellvertretend geschändet! Mögen seine wirklichen sterblichen Überreste (sofern sich noch etwas davon nicht mit der Erde vermischt hat) weiterhin der Forschung entgehen, jedenfalls solange die gegenwärtigen Armenpfleger des Pfarrbezirks Cripplegate im Amte sind. Ein hartes Los wäre es in der Tat für den Verfasser des *Verlorenen Paradieses* gewesen, hätte man ihm in einem Chor Zuflucht gewährt, nur damit zwei der nichtswürdigsten Geschöpfe, nämlich ein Schnapshändler und ein Mann, der Bettlern gegen so zweifelhafte Sicherheit wie zerfetzte Nachtgewänder, löchrige Kochtöpfe und unbrauchbare Bratroste kleine Münze leiht, hundertsechzehn Jahre nach seinem Tode in seine *domus ultima* eindringen.[1]

---

1 Zwischen dem Gewerbe des Pfandleihers und des Kneipenwirts, die eins so ehrenwert sind wie das andere, besteht ein enges Bündnis. Wie Hogarth in seinem berühmten Druck »Gin Lane« zeigt, wandert das von Mr. Gripe (ein sprechender Name: derjenige, der nicht losläßt, was er in Händen hat) geliehene Geld, sogleich in den Laden des Mr. Killman (gleichfalls ein sprechender Name mit der Bedeutung Menschentöter), und dieser händigt gegen den im Lumpenhandel erzielten Erlös Gift unter der treffenden Bezeichnung »Stärkungsmittel« aus.

Cape saxa manu, cape robora, pastor! Doch mag ein Kirchengericht noch Kenntnis von diesem mehr als bestialischen Vorgehen erlangen. Dann wird sich zeigen, ob das Grab eines Menschen sein eigen ist oder ob die kleinen Tyrannen eines Arbeitshauses es ungestraft berauben dürfen.

Wo Grab und Beinhaus zurücksenden muß, wen wir
begraben,
Werden wir unser Grabmal im Schlunde von Halunken
haben.

Es sollte noch hinzugefügt werden, daß jene Pfandleiher, Schnapshändler und Konsorten, indem sie durcheinanderbrachten, was der Sarg ihres Idols MILTON enthielt, seinen Unterkiefer, seine Rippen und seine rechte Hand verschleppten – und einen der Knochen als Werkzeug dazu benutzten, die übrigen zu zerschlagen – Leichenhemd samt Leichentuch zerfetzten usw., alle weiteren Hinweise zerstörten, die eine sorgfältige und vollständige Untersuchung der namenlosen sterblichen Überreste ergeben hätte. So sehr hat man sie verstümmelt, daß wir, wären sie echt gewesen, nicht mit Horaz hätten sagen können:

Invenies etiam disjecti membra Poetae.

Wer wird nach Kenntnisnahme der voranstehenden Anmerkungen (die sich auf Indizien stützen) die Mitglieder der Gemeinde von St. Ägidien in Cripplegate zu der Art beglückwünschen, wie sie mit dem von ihnen angeblich entdeckten Staub MILTONS umgegangen sind?

John Milton
Denkmal
in Cripplegate Church

Sein Lieblingsautor Shakespeare ruht glücklicherweise in großer Entfernung von den Klauen der Herren Laming und Fountain, die sonst womöglich den Fluch auf sich gelenkt hätten, den der große Dramatiker jenen zugedacht hat, welche die Ruhe seiner Gebeine stören.

Allerdings sollte man von der oben ausgedrückten Mißbilligung die Herren Cole (Kirchenältester), Strong und Ascough (Kirchspielschreiber und Küster) in ruhmvollster Weise ausnehmen. Sie haben sich während der gesamten ungewöhnlichen Angelegenheit äußersten Anstands befleißigt und die geziemende Form gewahrt. Wer sich seither vom Ort der angeblichen Exhumierung MILTONS hat anlocken lassen, muß auch gestehen, daß die Höflichkeit der ehrenamtlichen Helfer jener Kirchengemeinde nur noch von ihrer Achtung vor dem Andenken an unseren großen Autor und der Besorgnis übertroffen werden könnte, die sie gegenüber der mannigfaltigen Herabwürdigung an den Tag gelegt haben, mit der man seine vermutlichen Überreste behandelt hat. «

Nun war kaum anzunehmen, daß Mr. Neve angesichts dieser unvorstellbar einleuchtenden Beweislage tatenlos zusehen würde, wie man seine Lieblingstheorie in der Luft zerriß. So brachte er eine zweite Auflage seines Aufsatzes heraus und versah sie mit folgender

Nachschrift

Da seit der Veröffentlichung dieses Aufsatzes mehrere
Berichte in Umlauf gesetzt wurden und einige anonyme
Artikel erschienen sind, die sich bemühen, den Eindruck zu erwecken, als gehöre das fragliche Skelett einer
Frau, und da die Neugier der Öffentlichkeit nun nach einer zweiten Auflage dieses Aufsatzes verlangt, bietet
sich die Gelegenheit, einiges von dem zu berichten, was
seit dem 14. August vorgefallen ist und was in gewis-
sem Umfang die Ansicht zu bestätigen vermag, daß es
sich um Miltons Leichnam handelt.

Als ich am Montag, dem 16., den Armenpfleger Mr.
Fountain aufsuchte, berichtete mir dieser, die ehrenamtlichen Helfer der Kirchengemeinde hätten seither
Verbindung mit einem Wundarzt aufgenommen, der
sich am Mittwoch, dem 4., durch ein Fenster Zutritt zur
Kirche verschafft habe und nach Betrachtung des Skeletts die Überzeugung ausgedrückt habe, es handele
sich dabei um die Überreste einer Frau. Ich hielt es für
recht unwahrscheinlich, daß ein Wundarzt durch ein
Fenster kriecht, wenn er für einige halbe Penny zur Tür
hineingehen kann; doch drückte ich meine Zweifel an
der Wahrheit der Aussage lediglich dadurch aus, daß ich
nach dessen Wohnung fragte. Darauf wurde mir geant-
wortet, der Herr habe ›darum gebeten, daß sie nicht bekannt gegeben werde, damit ihn Nachfragende nicht
bei der Arbeit stören‹. Gleichzeitig aber wurde mir ein
unbedeutender Überrest vorenthalten, den ich aus Mr.
Fountains Hand zu erlangen gehofft hatte. Das legt den
Schluß nahe, daß jene, die sich im Besitz der Beute aus

dem Sarg befinden, diese nach wie vor festzuhalten trachten, obwohl sie angeblich davon überzeugt sind, daß es sich nicht um die sterblichen Reste Miltons handelt. Diese Widersprüche aufzulösen allerdings überlasse ich einer anderen Untersuchung.

Im Verlauf jener Woche teilte man mir mit, daß es am Donnerstag, dem 17., einigen Herren gelungen war, die Kirchenältesten zu einer zweiten Exhumierung des Sarges zu bewegen. Sie fand noch am selben Tag statt. Am Samstag, dem 21., suchte ich Mr. Strong auf. Dieser sagte mir, daß er bei jener zweiten Exhumierung anwesend war und danach um einen erfahrenen Wundarzt aus der Nachbarschaft geschickt hatte. Dieser habe das Skelett nach Besichtigung und Untersuchung als das eines Mannes bezeichnet. Außerdem erfuhr ich am selben Tag, dem 21., von einem angesehenen Mitglied jener Gemeinde, dessen Worte über jeden Zweifel erhaben sind, die ehrenamtlichen Helfer der Kirchengemeinde seien zu der Ansicht gelangt, daß ich wohl, nach meinen häufigen Besuchen und Nachfragen zu urteilen, die Absicht hätte, der Öffentlichkeit in irgendeiner Form Bericht von den Vorkommnissen zu erstatten, und sie seien daher, um das zu unterbinden, übereingekommen, eine Geschichte in die Welt zu setzen, derzufolge am 4. eine Untersuchung durch einen Wundarzt stattgefunden und dieser das Skelett als das einer Frau bezeichnet habe. Daraus ließ sich leicht rückschließen, was dabei herauskäme, wenn ich bei den ehrenamtlichen Helfern der Kirchengemeinde persönlich vorstellig würde, um die Herausgabe dessen zu erreichen, was aus dem Sarg entwendet worden war. Daher richtete ich

am Mittwoch, dem 25., nachstehendes Schreiben an
Mr. Strong:

›Werter Herr,
Ein kurzes Nachdenken nach meinem Besuch bei Ihnen
am vorigen Samstag machte mir deutlich, daß die Wahrscheinlichkeit dessen, daß es sich bei dem fraglichen
Sarg um den Miltons handelt, weder durch die auf der
Gedenktafel der Familie Smith aufgeführten Daten
noch durch die Zahl der Personen in irgendeiner Weise
verringert wird, sondern daß sie eher durch diesen letztgenannten Umstand noch verstärkt worden ist. Nach
Aussage des am Dienstag, dem 17., hinzugezogenen
Wundarztes handelt es sich um die Leiche eines Mannes.
Da dieser mit Sicherheit nicht fünfundachtzig Jahre alt
war, müßten, sofern es sich hier um einen der früher
beigesetzten Angehörigen der bewußten Familie handelt, alle späteren Särge der Smiths dasein. Es wurde
aber kein einziger davon aufgefunden. Daher mutmaße
ich, daß man die Gedenktafel dort angebracht hat, wo
sie sich befindet, weil nach Entfernung der Kanzel an
der Säule eine glatte Fläche entstanden war, die sich dafür anbot, was dem Hinweis ›nahe diesem Platz‹ bei eini-
germaßen großzügiger Auslegung nicht widerspricht.
   Daher muß man annehmen, daß die unwürdige Behandlung vom 4. dem Leichnam Miltons zuteil wurde.
Was ich darüber weiß, darf ich nicht für mich behalten.
Es ist eine äußerst unangenehme Geschichte, doch da es
mir zugefallen ist, sie zu berichten, werde ich mich dem
nicht entziehen. Ich achte auf dieser Welt nichts höher
als die Wahrheit und das Gedenken an Milton, und es

würde eine Kränkung des Letztgenannten bedeuten,
wollte ich auch nur um ein Tüttelchen von ersterer ab-
weichen. Ich werde die Sache einfach und klar berichten, wie ich sie von den Beteiligten selbst erfahren habe.
Sollte das dem einen oder anderen von ihnen Beschwernis bereiten, möge er bedenken, daß er sich diese Bürde
selbst aufgehalst hat und sie auch selbst tragen muß.
Mir scheint, daß jeder von ihnen gern die Ehre genießt,
die vom Glanz des Namens Milton als eines Angehörigen ihres Pfarrbezirks auf sie fällt, und vielleicht ist die
von mir angedeutete Art und Weise die einzige, die ihnen jetzt noch bleibt, um zu zeigen, daß ihnen ebensosehr darum zu tun ist, ihm Ehre widerfahren zu lassen.
Wäre ich überzeugt gewesen, daß man auf mich hören
würde, wenn ich in Person vor die ehrenamtlichen Helfer der Kirchengemeinde getreten wäre, um darauf zu
bestehen, daß man nach gründlicher Nachforschung alles dem Sarg widerrechtlich Entnommene zusammen
mit dem übel zugerichteten Leichnam und dem alten
Sarg in einen neuen Bleisarkophag gebettet hätte, ich
wäre diesen Weg gegangen. Doch als ich erkannte, daß
man nicht darüber erhaben war, zu solch ungebührli-
chem und absurdem Mittel zu greifen wie dem, einen
Wundarzt, den man sich aus den Fingern gesogen hatte,
durch ein Fenster kriechen zu lassen, war mir klar: Ein
so niederträchtiger Versuch der Täuschung bedeutete
nichts anderes als Verhöhnung, und man würde auf dieselbe Weise verhöhnen, was auch immer ich noch vor-
schlagen würde. So blieb mir keine andere Möglichkeit,
als die öffentliche Meinung zu Hilfe zu rufen und zu
hoffen, daß wir zum Schluß miterleben würden, wie

die Gebeine eines so rechtschaffenen Mannes und des bedeutendsten Gelehrten und Dichters, dessen sich unser Land rühmen kann, wieder in ihrem Grab zur Ruhe gebettet werden.

Der Bericht wird, nehme ich an, entweder morgen oder am Freitag erscheinen; wann auch immer das geschieht, werden ihre Untaten am Tage liegen, während sich Mr. Cole als aufrechter Kirchenältester erwiesen hat.

Ich kann nicht schließen, ohne Ihnen meinen ausdrücklichen Dank für Ihre große Freundlichkeit auszusprechen, und ich verbleibe usw.

Der Leichnam zeigte sich denen, die ihn am 17. exhumierten, als gänzlich verstümmelt – fast alle Rippen, der Unterkiefer und eine Hand fehlten. Von allen, die das Skelett am Mittwoch, dem 4., und am Donnerstag, dem 5., gesehen hatten, gibt es niemanden, der auch nur ein einziges Haar entdeckt hätte, das nicht hellbraun war, wobei Mr. Laming und Mr. Ellis den Kopf angehoben und Mr. Taylor eine beträchtliche Menge Haare von der Schädeldecke und Mr. Ellis vom Hinterkopf fortgenommen hatten. Doch den Berichten derer zufolge, die das Skelett am 17. sahen, war das Haar am Hinterkopf dunkelbraun, nahezu schwarz, doch war alles vorn verbliebene Haar von demselben hellen Braun wie das am 4. fortgenommene. Es obliegt nicht mir, dafür eine Erklärung oder Beweise zu liefern.

Am Mittwoch, dem 1. September, suchte ich Mr. Dyson auf, den man am 17. geholt hatte, damit er das Skelett untersuche. Ich fragte ihn einfach, ob er es nach allem, was er gesehen hatte, als männlichen oder weiblichen Geschlechts ansehe. Er gab zur Antwort, er halte es, nachdem er das Becken und den Schädel untersucht habe, für das eines Mannes. Ich fragte ihn, welche Form der Kopf habe, und er sagte, die Stirn sei hoch und gerade, die Schädeldecke aber eben. Er fügte hinzu, eine solche Schädelform mit einer ebenen Schädeldecke sei, wenn auch nicht bei Schwarzen, bei Menschen von ungewöhnlicher Geisteskraft durchaus üblich und für sie geradezu kennzeichnend. Mir ist solches Wissen fremd, aber diese Meinung bestärkt doch sehr die Ansicht, daß er nach allen Prämissen, die er vor sich hatte, den Schädel für den Miltons hielt. Auf ein Blatt Papier, das er mir zeigte und das einige Haare enthielt, hatte er ›Miltons Haar‹ geschrieben.

Mr. Dyson ist ein Wundarzt, der seine Ausbildung bei Dr. Hunter empfangen hat, welcher nicht mehr unter den Lebenden weilt. Er praktiziert gemeinsam mit Mr. Price in der Fore Street, der Straße, in welcher die Kirche St. Ägidien steht. Er ist umgänglich, und seine Freundlichkeit wird nur noch von der Sachkunde übertroffen, die er sich in einer ausgedehnten Praxis erworben hat.

Mr. Taylor, ein Wundarzt von beträchtlicher Erfahrung und Bedeutung, hat das Skelett am 4. ebenfalls als einem Mann zugehörig bezeichnet.

Auch ein Mann, der viele Jahre hindurch in jenem Kirchensprengel als Totengräber tätig und am 17. mit anwesend war, hat beim ersten Blick auf den Schädel gesagt, daß der einem Mann gehörte. Ebenso erklärte er einen anderen, der im Verlauf der Grabung aus dem

Boden gekommen war, ohne das geringste Zögern als einer Frau zugehörig. Diese Urteilsfähigkeit fußt offenkundig auf praktischer Erfahrung, denn als man ihn bat, Gründe für seine Zuordnungen zu nennen, war er dazu nicht imstande, da er über keine wissenschaftliche Ausbildung verfügt. Wohl aber äußerte er, solche Verschiedenheit zu erkennen habe ihn die Beobachtung gelehrt. Das sollte man nicht vorschnell zurückweisen. Zwar mag nicht jeder verstehen, wie es zu dieser Fähigkeit kommt, doch wird sie jeder für plausibel halten, der Erfahrung im Umgang mit solchen Menschen hat, welche außerordentlich gübt darin sind, die Echtheit alter Münzen zu beurteilen. Bei jener schwierigen und nützlichen Kunst entscheidet das Auge des Fachmanns auf den ersten Blick. Würde nun ein Neuling die Gründe jener Entscheidung zu wissen begehren, bekäme er nur selten eine andere Antwort als die, daß sie auf Erfahrung und Beobachtung zurückgehe und sich das Auge nur durch lange Vertrautheit mit dem Gegenstand in dieser Kunst üben könne; dennoch beruht jegliches numismatische Wissen auf dieser Art von Urteilskraft.

Welche Art von Beweis oder welcher Grad der Wahrscheinlichkeit spricht nach diesen Aussagen noch dafür, daß es sich bei dem Skelett um das einer Frau handelt?

Es war nötig, diese Tatsachen mitzuteilen, nicht nur, da sie zum Gegenstand gehören, sondern auch, damit man mir nicht anhand der obenstehenden Berichte und Angaben unterstellt, ich hätte eine gefärbte oder nicht wahrheitsgemäße Darstellung der mir vorliegenden Belege geliefert. Hingegen wird man jetzt deutlich sehen, welche Tatsachen die erste Exhumierung zutage

förderte, die sich vor dem Zeitpunkt des Berichts ereig-
nete, und was der zweiten zugesprochen werden muß,
die ihm folgte.

Ich habe jetzt jeden einzelnen Umstand nachgetra-
gen, der mir bisher im Zusammenhang mit diesem ungewöhnlichen Vorgang zur Kenntnis gelangt ist, und
schließe mit der Erklärung, daß ich mich freuen würde,
wenn mir irgend jemand, auf Tatsachen gestützt, Anlaß
gäbe anzunehmen, das fragliche Skelett sei tatsächlich
das der Elizabeth Smith, deren Namen ich lediglich
von der Gedenktafel her kenne, nicht aber das JOHN
MILTONS.

P. N.
8. September 1790

*John Milton
Denkmal
vor Cripplegate Church*

Von liebenswürdigen
und anderen Enthüllungen
sowie von wunderbaren Entrückungen

E s gibt (laut Sir Thomas Browne) Geister, die uns liebenswürdige Enthüllungen machen, da sie »edlen Wesens« sind (und das heißt, sie treten uns freundlich gegenüber), die Enthüllungen anderer hingegen (nur spricht Sir Thomas über jene nicht) sind alles andere als liebenswürdig!

Das Verhalten einiger von ihnen – ob nun von edler oder anderer Art – war so eigentümlich, daß es sie in die Sphäre dieses Buches gelangen ließ.

»Bodin meint«, heißt es in Robert Burtons *Anatomie der Melancholie*, »daß diese ... Genien, Geister und Teufel ... eine Gestalt besitzen, und zwar völlig rund, wie Sonne und Mond, denn das ist die vollkommenste Form, ohne rauhe Kanten, Ecken, Krümmungen, Vorsprünge, weshalb sie der vollkommenste Umriß ist«, außerdem, »... daß sie nach Belieben in Gestalt welcher anderer luftiger Körper auch immer auftreten, jede ihnen genehme Gestalt annehmen können, fähig sind, sich rasch wie der Wind zu bewegen, im Nu viele Meilen zurückzulegen und auch die Körper anderer Lebewesen in welche Gestalt auch immer zu verwandeln und sie mit bewundernswerter Schnelligkeit von einem Ort zum anderen zu befördern ... wie auch, daß sie künftige Ereignisse vorauszusagen und mancherlei seltsame Wunder zu bewirken imstande sind ...« – all das glaubt, wie man annehmen muß, die Mehrzahl der Autoren, die über diesen Gegenstand schreiben.

Und Leo Suavius, ein französischer Platoniker, vertritt die Meinung, die Luft sei so voll von ihnen, wie wenn Schnee vom Himmel fällt, und man könne sie sehen. Obendrein führt er an, mittels welcher Vorkehrungen der Mensch es anstellen kann, ihrer ansichtig zu werden...

Carden erklärt in seinem Werk *Hyperchen,* das der stoischen Lehre folgt, verschiedene dieser Genien (so nennt er sie) »begehren nach des Menschen Gesellschaft, denn sie sind freundlich und mit ihm vertraut, wie Hunde«.

Ob nun völlig rund, wie Sonne und Mond, ohne rauhe Kanten oder wie auch immer geartet, mußte der Geist Lady Hobys (diese Schwester Lady Burleighs heiratete im Jahre 1533 Sir Thomas Hoby, Botschafter in Frankreich, und nach dessen Tod Lord Russell) eine gewisse Besorgnis hervorrufen, hatte sie doch, wie es in Christina Holes *Haunted England*[1] heißt, die beunruhigende Eigenschaft, »wie ein Photonegativ in Farbumkehrung aufzutreten, so daß Gesicht und Hände schwarz sind, ihr Kleid aber weiß erscheint«. Das aber ist noch nicht alles. Eine Schlafzimmertür öffnet sich, und das Phantom gleitet herein. In einem Becken, das vor ihr, ohne von etwas Sichtbarem gestützt zu sein, in der Luft schwebt, wäscht sie sich unaufhörlich die Hände.

Der Grund für diese beängstigende Erscheinung liegt, wie es in der Legende heißt, darin, daß sie (eine der gebildetsten Frauen jener Zeit), ihren kleinen Sohn William, da er im Lernen ein wenig schwerfällig war, erbarmungslos schlug, bis er eines Tages starb, weil sie ihn zu heftig und zu lange gezüchtigt hatte.

Doch läßt sich kein Hinweis darauf finden, daß es in der bewußten Epoche ein solches Kind namens William

1 etwa: Das England der Gespenster. [A. d. Ü.]

Robert Burton
(1577–1640)

gab. In der Kirche von Bisham sind die Namen von vier
Kindern der Familie Hoby verzeichnet – Edward, Thomas Posthumous (den sie in weniger schwerwiegender
Weise ohne Unterlaß quälte), Elizabeth und Ann (beide
starben 1570 im Abstand weniger Tage). Der einzige
Sohn aus ihrer Ehe mit Lord Russell hieß Francis. Doch
wird berichtet (ebenfalls in *Haunted England*), man sei
bei Arbeiten in der Abtei von Bisham auf einige alte ver-
staubte Schreibhefte gestoßen, die einst die Tränen eines
kleinen Jungen benetzt hatten, und auf diesen hätte »in
einer kindlichen Handschrift der Name William Hoby«
gestanden.

Sofern diese Hefte existiert haben, sind die Tränen
darauf längst ebenso zu Staub geworden wie das kurze
unglückliche Leben des kleinen Jungen, der sie vergoß
– falls es ihn gegeben hat und er nicht, wie Lady Hoby
in ihrer gegenwärtigen Erscheinungsform, eine bloße
Spukgestalt war.

Als sie noch lebte, muß Lady Hobys Auftauchen nahezu ebensoviel Besorgnis hervorgerufen haben wie das
ihres Geistes. Sie war von beispielloser Penetranz, und
ihr Neffe, Sir Robert Cecil, damals in einer hohen Position bei Hofe, kann nur selten einen Augenblick der
Ruhe vor ihr gehabt haben. Ein Dechant wollte Bischof, ein Nachbar in den Adelsstand erhoben werden.
Einem Richter am Obergericht in bürgerlichen Sachen
war ein Verweis zu erteilen, weil er ein Urteil zu ihren
Ungunsten gefällt hatte, »und da ich Eure Tante bin,
hätte meine Stellung eine gerechtere Vorgehensweise
verdient«. Von Sir Robert wurde erwartet, daß er »alles
daran setzte, damit ein wackerer, ehrenhafter und laute-

rer Edelmann, der Graf von Kent, die Stelle des Grafen von Huntington einnehmen kann«. Dann aber kam ein Hinweis, der zu behutsamem Vorgehen mahnte. »Ich wünsche nicht, daß bekannt wird, von wem das ausgeht, denn er ist Witwer, und ich bin Witwe.«

Lady Russell war durchaus bereit, vor Gericht aufzutreten, damit der Streit zwischen Sir Robert und Sir William Knollys, Oberster Rechnungsprüfer am Königlichen Hof, beigelegt werden konnte – allerdings nur unter der Bedingung, daß Ihre Majestät

»meinem Lord Chamberlain gebietet, dafür zu sorgen, daß ich im Hause selbst ein wohnliches Unterkommen finde ... denn bei der geringsten Feuchtigkeit an Füßen oder Beinen, durch lange Kleider oder Kälte, ist mein Kopf für Rheuma gräßlich anfällig, und dann höre ich so schlecht, daß ich mich für keine andere Gesellschaft oder Örtlichkeit als meine eigene Zelle eigne.

Eure Tante, die stets das Beste verdiente.«

E. R. Dowager[1]

Miss Violet Wilson zufolge – deren unterhaltsamem Buch *Society Women of Shakespeare's Time* [Frauen der besseren Gesellschaft zu Shakespeares Zeit] ich diese Einzelheiten über das Auftreten Lady Russells zu Lebzeiten entnommen habe – wußte der leidgeprüfte Sir Robert nach einem einzigen Blick auf die Unterschrift solcher Briefe, welche Vorwürfe oder Wehklagen seiner harrten: »Eure rechtschaffene und ehrliche Tante«, »Eure einsame Tante, der man Unrecht tut«, »Eure liebevolle Tante, arm, aber stolz«.

1 D. i. »Witwe aus vornehmem Stande«. [A. d. Ü.]

Was Sir Posthumous Hoby angeht, so verbrachte er
sein Leben in einer Art Dauerhaft. Als Junge brannte er
einmal durch, um zur See zu gehen, doch Ihre Lady-
schaft »holte den Flüchtigen an der Isle of Stepney ein«[1]
und brachte ihn als ihren Gefangenen in ihr Haus in
Stepney zurück. Dann ging sie Lord Burleigh solange
auf die Nerven, bis er ihn schließlich mit in seinen Haus-
stand aufnahm, und mit löblicher Entschiedenheit gab
ihm seine Mutter eine reiche Erbin zur Frau. Was die
mit »bewundernswerter Geschwindigkeit« erfolgen-
den Ortswechsel betrifft, oder, wie es bei Mr. John
Aubrey heißt, den »Transport durch eine unsichtbare
Macht«, scheint diese ausschließlich vom Wunsch aus-
gelöst worden zu sein, andere zu verwirren.

Ein gewisser Lord Duffus, erfahren wir von Aubrey,
hörte, als er auf freiem Felde in der Nähe seines Hauses
umherstreifte, »das Lärmen eines Wirbelwindes und
von Stimmen, die ›Pferd und Puppe‹[2] riefen (diese
Worte sagen dem Vernehmen nach Elfwesen, wenn sie
von einem Ort an einen anderen entrückt werden wollen)«. Daraufhin rief er ebenfalls ›Pferd und Puppe‹ und
wurde sogleich von den Elfen ergriffen und durch die
Luft entrückt, weit über die leuchtenden Sommerfelder
hin, »nach Paris, in den Weinkeller des Königs von
Frankreich, wo er sich am folgenden Tag, einen silber-
nen Becher in der Hand, wiederfand, nachdem er ›herz-

---

1 Im Osten Londons, ganz in der Nähe des Towers. Dort lagen seinerzeit die
   Themsedocks, von wo die Seeschiffe ausliefen. [A. d. Ü.]
2 »Horse and Hattock«. Die Beziehung zur Wilden Jagd der germanischen
   Mythologie ist offenkundig. Eine ›Puppe‹ (auch ›Docke‹ oder ›Mandel‹)
   besteht aus mehreren Getreidegarben, die aufrecht auf das Feld gestellt
   werden. [A. d. Ü.]

John Aubrey
(1626–1697)

haft getrunken‹ hatte und eingeschlafen war.« Vor den
König gebracht und »von diesem befragt, wie er sich
nenne, und wie er dorthin gelangt sei, gab er seinen Namen, sein Heimatland und seinen Wohnort an.« Offenkundig zeigte der König großes Verständnis für die
Lage, in der sich Seine Lordschaft befand.

Der Herr, der Aubrey diese Geschichte erzählte, war
Privatlehrer bei Lord Duffus' ältestem Sohn und scheint
auf diese Art der Beförderung geradezu versessen gewesen zu sein, denn auch er hatte als Schuljunge, während
er »mit den Kameraden den Kreisel schlug, das Lärmen
eines Windes gehört und in einer gewissen Entfernung
ein wenig Staub aufwirbeln sehen. Diese Bewegung
dauerte an und näherte sich, bis sie den Ort erreicht
hatte, da sie sich befanden; woraufhin sie sich zu bekreu-
zigen begannen. Doch einer von ihnen (wie es scheint,
ein wenig unerschrockener und selbstsicherer als seine
Gefährten) sagt ›Pferd und Puppe mit meinem Kreisel‹,
und augenblicklich sahen sie alle, wie der Kreisel vom
Boden emporgehoben wurde.« In einer Staubwolke
wirbelte dies verzauberte Spielzeug nun durch die Lüfte
und wurde davongetragen – in weite Fernen.

Ein Herr aus John Aubreys Bekanntenkreis, Mr.
A. M., hielt sich »anno 1655 in Portugal auf, als die In-
quisition auf dem Scheiterhaufen einen Mann verbrannte, weil er in unglaublich kurzer Zeit durch die
Lüfte von Goa in Ostindien dorthin gebracht worden
war«.

Francis Fry, »kommenden August, 1683, einund-
zwanzig Jahre alt«, litt, wie es in einem Brief des Ehr-
würdigen Herrn Andrew Paschal, Pfarrherr in Chedzoy

in der Grafschaft Somersetshire, an Mr. Aubrey heißt, außerordentlich unter solcher Art von Entrückungen und Erscheinungen.

Beim ersten Mal begegnete ihm auf freiem Felde der Geist eines alten Herrn mit einem Stock in der Hand, »wie er ihn zu Lebzeiten mit sich herumzutragen pflegte, um Maulwürfe damit zu töten. Er teilte Mr. Fry mit, er brauche vor ihm keine Angst zu haben, solle aber seinem Herrn, dem Sohn der Erscheinung, ausrichten, daß verschiedene Legate, die er in seinem Testament ausgesetzt hatte, noch nicht ausbezahlt seien.

Danach folgte für Mr. Fry eine Heimsuchung auf die andere. Der Geist einer alten Dame setzte sich hinter ihm aufs Pferd, womit sie den armen Vierfüßler, »ein tückisches Tier«, dazu brachte, in Anwesenheit von Mr. Frys Herrn, Mr. Furze, einen Satz von mindestens acht Metern zu vollführen.

Dem geplagten jungen Mann erschien »Das Schreckgespenst« dann erneut und veranlaßte den Geist seiner Frau (die er »das böse Weib« titulierte, obwohl sie dem geistlichen Verfasser des Briefes als brave Frau bekannt war), nicht nur Mr. Fry zu erscheinen, sondern auch Mrs. Thomasin Gridley, Anne Langdon und einem kleinen Mädchen, das so unablässig schrie, daß man es aus dem Hause schaffen mußte. Bisweilen zeigte sich die alte Dame in ihrer eigenen Gestalt, dann wieder in noch angsteinflößenderen Scheinbildern, beispielsweise als feuerspeiender Hund oder als Pferd, das unvermittelt im Hause auftauchte und dann durch das Fenster davonflog.

Doch es sollte noch schlimmer kommen. Es scheint

den Gespenstern gelungen zu sein, Mr. Frys Kopf in das
Gestell eines Stuhls zu zwängen; und »Frys Gesicht war
so von den Beinen um seinen Hals eingerahmt, und das
ganze Stuhlgestell umgab seinen Kopf so, daß man all
dies nur mit großer Mühe entwirrte«.

Obwohl Mr. Fry darauf achtete, seine Perücke über
Nacht in eine Schachtel zu legen und diese abzuschlie-
ßen, bekamen die Gespenster sie zu fassen und rissen sie
in kleinste Fitzelchen. Was seine Schuhbänder anging,
versicherte eine Magd dem Pfarrherrn, sie habe gesehen, wie eins davon aus dem Schuh davonging und
ohne erkennbare Antriebsquelle durch die Luft zur anderen Seite des Raumes geflogen sei. Das andere wollte
es ihm gerade nachtun, doch die Magd machte dem ein
Ende und half ihm statt dessen heraus, woraufhin es
»auf ihrer Hand hin und her zuckte wie ein lebender
Aal«.

Ein volles Salzfaß marschierte aus einem Zimmer in
den Nebenraum, und ein Kaminbock stellte sich auf
einen Topf Milch, der auf dem Feuer stand. Das aber
war noch nicht alles. Das Gespenst der älteren Mrs.
Furze hatte die ärgerliche Angewohnheit, sich bis ins
kleinste genauso zu kleiden wie ihre Schwiegertochter.

Dann kam der Tag, da die alte Mrs. Furze den von der
Arbeit heimkehrenden Mr. Fry an den Schößen seines
Wamses packte und ihn in die Luft hob. Dort blieb er,
zwischen Himmel und Erde, eine volle halbe Stunde
lang!

Danach hörte man ein Pfeifen und Singen, das aus einem Sumpf drang, und als man der Sache nachging,
fand man Mr. Fry dort.

Herzloserweise schrieb man diese Begebenheit Mr. Frys Anfällen zu. Doch als er eine Stunde später zu sich kam, erklärte er mit Bestimmtheit, er sei bei völlig klarem Verstande, Mrs. Furze habe ihn so hoch empor getragen, daß er »das Haus seines Herrn unter sich gesehen habe, nicht größer als ein Heuhaufen«, und er betete zu Gott, er möge nicht zulassen, daß man ihn verderbe.

Seine Perücke wurde am nächsten Morgen in der Krone eines hohen Baumes gesichtet.

Was Anne Langden betrifft, berichtete der Pfarrherr, ihr sei, mit Ausnahme der »Luftreise«, ähnlich übel mitgespielt worden. Er fügte mit einem Unterton von Hoffnungslosigkeit hinzu: »Ihre Anfälle und ihre Besessenheit scheinen sich verstärkt zu haben, denn sie kreischt in geradezu höllischen Tönen.«

»Thomasin Gridley befindet sich (obschon entrückt), wie ich höre, in Schwierigkeiten«.

Es ist wohltuend, sich von diesen düsteren Heimsuchungen der Betrachtung zweier freundlicher Geister zuzuwenden.

John Aubrey erzählt die Geschichte der Freundschaft zwischen Lord Middleton und Laird Bocconi, die über den Tod eines der Freunde hinaus andauerte. Lord Middleton, damals General Middleton, zog ins schottische Hochland, wo er für König Karl I. ein Heer zusammenbringen wollte. Obwohl ihn ein alter Herr, der die Gabe des zweiten Gesichts besaß, darauf aufmerksam machte, daß er sich in Gefahr begebe, ließ er nicht von seinem Vorhaben ab. Er wurde »beim Gefecht nahe Worcester gefangengenommen und im Tower von London in dreifach verschlossene Eisen gelegt«. Eines Nachts erschien ihm der Laird Bocconi. Auf Lord Middletons Frage, ob er tot oder lebendig sei, erklärte Bocconi, er weile nicht mehr unter den Lebenden und sei ein Geist. Er sagte voraus, Middleton werde binnen drei Tagen entweichen; und so geschah es auch. Nachdem der Laird seine Prophezeiung ausgesprochen hatte, »tat er einen Luftsprung und sagte:

Givenni Givanni, ein sonderbar Lied –
Wie plötzlich auf der Welt doch der Wandel geschieht.

Dann stieg er auf und verschwand. «

Nun zu dem anderen freundlichen Geist: »Anno 1670 erschien nicht weit von Cirencester ein Phantom – als man es fragte, ob es ein guter oder ein böser Geist sei, gab es keine Antwort und verschwand mit einem eigentümlichen Duft und einem überaus wohlklingenden Schwirren. Mr. W. Lilly nimmt an, daß es eine Elfe war. «

Tag- und Nachtgesichter

Die Schulzeit«, pflegen alte Leute mit kurzem Gedächtnis Schülern zu erklären, »ist die schönste im Leben eines Menschen.« Man kann nicht sagen, daß das Leben der Scholaren an Oxfords Trinity College unter der Fuchtel von Hochwürden Dr. Ralph Kettle (er wurde 1553 geboren und starb 1643) ein ungetrübtes Vergnügen war. Sie waren jung – damals hatten Studenten das Alter heutiger Oberschüler –, und sie hatten Schabernack im Kopf.

»Einer der Jünglinge«, berichtet uns John Aubrey, von dem ich diesen Bericht übernommen habe, »pflegte zu sagen, Dr. Kettles Gehirn sei wie ein Mehlbrei, bei dem Gedächtnis, Urteilsvermögen und Vorstellungskraft ineinander verknetet sind. All diese Gaben besaß er in großem Maße, doch waren sie eben auf diese Art vermengt. Wer mit ihm zu tun hatte und ihn für einen Dummkopf hielt, mußte erkennen, daß er auf vielen Gebieten klare und differenzierte Gedanken entwickelte, andererseits konnte jemand, der ihn als scharfsinnig einschätzte, zu dem Ergebnis kommen, er habe es mit einem Narren zu tun.«

Kurz, man wußte nie, woran man mit ihm war.

»Einer seiner Leitsätze im Umgang mit den jungen Leuten«, heißt es bei Aubrey, war es »den *juvenilis impetus* niederzuhalten.«

In Verfolgung dieses Ideals »stellte er jedem nach, der eine weiße Mütze aufhatte, denn er setzte voraus, daß so jemand übermäßig getrunken und davon Kopfschmerzen hatte«.

Er war außergewöhnlich jähzornig und »konnte langes Haar nicht ausstehen. Junge Männer, die es so tru-

gen, schimpfte er Haarige Affen, und von Perücken (die
man damals äußerst selten trug) nahm er an, es handele
sich dabei um die Skalps, die man Gehenkten abgezo-
gen, gegerbt und zum Tragen hergerichtet hatte. Wenn
er sah, daß die Haare seiner Scholaren länger als her-
kömmlich waren (vor allem, wenn sie seinem College
angehörten), brachte er in seinem Muff (den er gewöhnlich trug) eine Schere mit, und wehe dem, der an der
Gangseite des Tisches saß! Ich erinnere mich, wie er Mr.
Radfords Haar mit dem Messer schnitt, das an der Ser-
vierluke zum Brotschneiden dient, und dann (aus dem
alten Stück *Gammer Gurton's Needle*[1]) sang:

> Und war nicht Grim, der Kohlenträger,
>   hübsch gestutzt?
>   Tonedi, Tonedi.

»Mr. Lydall«, fragte er, »wie konjugiert Ihr *tondeo? Tondeo? tondes, tonedi?*«

Der Gelehrte hatte die Angewohnheit, durch das College zu streifen und durch die Schlüssellöcher zu spä-
hen, weil er sich überzeugen wollte, »ob die Jungen
über ihren Büchern saßen oder nicht«. Doch glücklicherweise »zog er einen Fuß ein wenig nach, womit er
(wie eine Klapperschlange) sein Kommen ankündigte.«

»Träge junge Burschen« nannte er »Auswurf, Hader-
lumpen (das waren die übelsten), arbeitsscheue Gesel-

---

1 *Frau Gurtons (Näh)nadel,* eine der ersten englischen Verskomödien (1575
  im Druck erschienen, aber davor schon gespielt). Als mögliche Autoren
  werden J. Still vom Christ College in Cambridge und William Stevenson
  vom selben College genannt. [A. d. Ü.]

len, Trödelfetzen, Blindschleichen oder faule Tröpfe
(diese schadeten niemandem, tranken nicht, aber
schlenderten müßig durch das Gelände).«

Doch pflegten die Jungen beim Gottesdienst in der
Kirche des College über ihn zu lachen, »denn er war von
dünner piepsig-hoher Stimme«. Ein frecher junger Na-
seweis hatte eine noch höhere, und die erhob er, so sehr
er konnte, um damit den Gelehrten zu noch größeren
Höhen anzuspornen.

Er kommentierte gewöhnlich die Fehler und Schwä-
chen der Studenten von der Kanzel herab, und als man
den jungen Mr. Ettrick und einige andere der jungen
Männer dabei ertappt hatte, wie sie einem bedauernswerten Neuling des Magdalen College von schlichter
Gemütsart damit Angst einjagten, daß sie behaupteten,
sie würden eine »Beschwörung vollziehen« – also Geister herbeirufen –, stellte der alte Gelehrte den jungen
Ettrick, der von kleinem Wuchs war, wie folgt öffent-
lich bloß: »Mr. Ettrick ist darauf aus, einen Affen als seinen Großvater herbeizubeschwören.«

Dr. Kettles Predigten mangelte es keineswegs an
Überraschungen. Ein Nachbar Mr. Aubreys hörte ihn
eine Predigt mit folgenden Worten beenden: »*Doch jetzt
merke ich, daß es Zeit für mich ist, die Bücher zu schließen,
denn ich sehe die Mannen des Herrn Doktor hereinkommen
und sich die Bärte nach ihrem Besuch im Wirtshaus wischen*«
– hatte er doch von der Kanzel aus bemerkt, wie sich
diese Unglückseligen zu Beginn der Predigt hinausstah-
len und in der Hoffnung, unentdeckt zu bleiben, an ihrem Ende wieder hereingeschlichen kamen.

Auch kann man nicht sagen, daß sein Unterricht lang-

weilig war. »Ich werde Euch zeigen«, teilte er seinen
Schülern mit, »wie man einem Quadrat ein Dreieck ein-
beschreiben kann. Bringt ein Schwein in den Innenhof
des College[1], und ich hetze unseren Hund darauf. Er
packt das Schwein am Ohr, dann komme ich und
nehme den Hund beim Schwanz und das Schwein beim
Schwanz, und nun habt Ihr ein Dreieck in einem Vier-
eck, *quod erat faciendum*.« Aber er nahm sein Stundenglas
mit in den Unterricht und drohte den »Jungen an...
wenn sie ihre Übungen nicht ordentlich erledigten,
würde er ein Stundenglas von zwei Stunden Dauer mit-
bringen.«

Ebenso groß wie sein Jähzorn war seine Nächstenliebe. Fleißigen Jungen, von denen er den Eindruck
hatte, daß sie arm waren, schob er häufig Geld unter
dem Fensterrahmen durch aufs Fensterbrett[2], und wenn
eins seiner Pfarrkinder in Garsington in Not war, über-
ließ er diesem sein Pfarrhaus auf ein Jahr – zwei Jahre –
drei Jahre – um vierzig Pfund jährlich (damals ein bedeutender Betrag) weniger Miete, als es wert war.

Doch es war gefährlich, ihn nicht ernstzunehmen.
Als ihm eines Tages Lady Isabella Thynne und ihre
Freundin Mrs. Fenshaw einen Besuch abstatteten, »um
sich zu amüsieren«, sagte der Gelehrte, das Wort an
Mrs. Fenshaw richtend: »Madam, ich habe Ihren Gat-

---

1 Im Original »Quadrangle«. Dies Wort bedeutet »Quadrat«, aber auch bei
   den alten Colleges »Innenhof«, denn dieser war stets quadratisch.
   [A. d. Ü.]
2 Herkömmliche englische Fenster sind als vertikal betätigte Schiebefenster
   ausgebildet und haben keine Rahmenfalze wie hierzulande. Da der Innen-
   rahmen lose auf dem Außenrahmen sitzt, kann man ohne weiteres etwas
   Dünnes hindurchschieben. [A. d. Ü.]

ten und Ihren Vater hier aufgezogen, und ich kenne Ihren Großvater. Ich weiß, daß Sie eine Dame von Stand
sind, und ich will nicht sagen, daß Sie eine Dirne sind,
aber machen Sie sich als wahrhafte Frau davon.«

Er erreichte ein hohes Alter, und John Aubrey war
überzeugt, »er würde sein Jahrhundert vollendet haben,
wäre nicht der Bürgerkrieg ausgebrochen, denn er war
es gewohnt, im College unumschränkt zu herrschen,
und es bereitete ihm unsäglichen Kummer zu erleben,
daß rohe Soldaten ihm entgegentraten, ohne ihm Achtung zu erweisen.« Einer von ihnen ging sogar so
weit, das gefürchtete Stundenglas zu zerbrechen.

Auch war er entsetzt, daß Mrs. Fenshaw und Lady
Isabella Thynne »morgens halb bekleidet, wie Engel, in
unsere College-Kirche kamen.« Die Sittenlosigkeit des
Zeitalters grämte ihn, was »seine Tage verkürzte, und
so starb er und ward in Garsington beigesetzt.«

»Wie hätte der gute alte Gelehrte getobt und wütend
auf die Kesselpauke[1] eingedroschen«, wenn er hätte sehen können, welches Wohlleben in seinem College
heute an der Tagesordnung ist! *Tempora mutantur!*

---

1 Wortspiel mit seinem Namen: kettle drum, Kesselpauke, – Kettle.
[A. d. Ü.]

Sonderbare Piraten

Nahezu zweitausend Jahre lang« schrieb John Livingston Lowes in seinem großartigen Buch *The Road to Xanadu* [Der Weg ins Paradies auf Erden][1], »lockte ein riesiger und geheimnisvoller Südkontinent hinter dem Schleier furchterregender und verwunschener Ozeane.

Die Antipoden lagen, umhüllt von Geheimnis, in den Meeren um den Südpol herum...

Doch auf dem Weg dorthin lauerten Feuer, Eis und die Schrecken undurchdringlichen Nebels: ... ein Wort, ein einziges Wort, zieht sich in kaum schattenhaft erkennbaren Großbuchstaben über die gesamte südliche Erdhalbkugel ... Es ist BRUMAE: Nebel ... Frigida und Perusta: Kälte und glühende Hitze – der Eishauch der Polarmeere und der sengende Mittag im Kalmengürtel nahe dem Äquator – liegen einander an den Rändern des gewaltigen Troges gegenüber, den das Weltmeer bildet ... Jenes Meer, das wegen jener Zone, in der die Elemente mit Feuerhitze verschmelzen, kein Sterblicher erblickt ... Und wie die See, so ist auch das Land, ›*Dixerto dexabitado per caldo*‹ (eine wegen der Hitze unbewohnte Wüste) zieht sich in Rot die Aufschrift neben dem Süden einer Planosphäre aus dem fünfzehnten Jahrhundert hin. Doch jenseits des Ozeans dräut ein weiteres Hindernis: ›*circulus australis qui est ex frugore inhabitabilis*‹, wie eine Karte aus dem zwölften Jahrhundert erklärt – das Gebiet im Süden, darin wegen der Kälte niemand leben kann.«

1 J.L. Lowes, ein ausgewiesener Chaucer-Spezialist, lebte von 1867 bis 1945. Er war ab 1918 Professor für Englische Literatur an verschiedenen amerikanischen Universitäten, unter anderem Harvard. [A. d. Ü.]

So sahen die Wildnisse aus, die sich der Mensch mit seinem Zwergenreich in dessen späteren Tagen zu erobern anschickte, und in sie reiste ein gewisser Kapitän Simon Hatley, um das Abenteuer zu suchen, das Gegenstand einer der großartigsten Dichtungen in englischer Sprache werden sollte.

Doch in seinem Zeitalter barg ein großer Teil der Welt kein Geheimnis mehr.

Ein früherer Reisender, Sir John Mandeville (er existierte, wie es scheint, nur in der Vorstellungskraft und trat zu keiner Zeit in Fleisch und Blut auf), der seinem Biographen, Mr. Malcolm Letts, zufolge, »nicht daran zweifelte, daß die Gestalt der Welt rund sei«, machte sich »große Sorgen wegen der Antipoden, weil die Vertreter der Theorie, derzufolge die Erde eine Scheibe ist, erklärten, sofern die Erde tatsächlich eine Kugel ist, müssen die Menschen an ihren Seiten und unten, wenn sie schon nicht in den Weltraum stürzen, doch seitwärts oder auf dem Kopfe leben.« Aber er tröstete sich mit dem Gedanken, »wenn ein Mensch meint, er gehe aufrecht, geht er auf jeden Fall in der richtigen Stellung, wie Gott sie für ihn vorgesehen hat, und nur darauf kommt es an.«

Den Seefahrern, von denen ich jetzt sprechen werde, war es nicht sonderlich wichtig, ob die Erde eine Kugel oder eine Scheibe war, aber unbestreitbar waren sie der Ansicht, daß sie so aufrecht gingen, wie es in Gottes Plan vorgesehen war, wie auch immer ihre sonstige Haltung aussehen mochte.

Viele dieser späteren Reisenden betrieben das Geschäft der Seeräuberei, und wenn wir an die Laufbahn

solcher Ausländer wie Kapitän Yallers und Kapitän Cau-
chemar denken, überrascht es zu erfahren, daß es sich
bei diesen Männern um englische und amerikanische Piraten von geradezu beispielhafter Frömmigkeit handelt.
So wandte sich beispielsweise Kapitän Haley, der im
Jahre 1670 in Boston geboren wurde, laut Kapitän Philip Gosses *The Pirate's Who's Who*, nachdem er vom
Gouverneur der Kolonie Massachusetts den Auftrag erhalten hatte, als Freibeuter auf dem Atlantik zu kreuzen,
der Seeräuberei zu, kaum daß die Küste außer Sicht war.
Rechtschaffen und voll Barmherzigkeit (nie tötete er einen Gefangenen, sofern es die Umstände nicht unaus-
weichlich machten), konnte er sich auf seine Männer in
jeder Beziehung verlassen, und als er im Jahre 1716 einem tropischen Fieber erlag, wurde er mit allen Ehren
»und größter Feierlichkeit« beigesetzt. Dazu gehörte,
daß man »an seinem Sarg, den eine Schiffsflagge be-
deckte, Gebete der Kirche Englands las und ihm seinen
Degen und seine Pistolen darauf legte. So viele Kano-
nenschüsse wurden in Minutenabständen über ihm ab-
gefeuert, wie er Jahre zählte, nämlich 46... Sein Grab
wurde in einem Wassermelonenfeld ausgehoben und
eingezäunt, damit ihn keine wilden Säue ausgrüben.«
Dem Kapitän der *Royal Fortune*, Bartholomew Roberts (1682-1722) fiel im Jahr vor seinem Tode unter anderen Schätzen auch ein Geistlicher in die Hände. Es
war dem tugendhaften Kapitän Roberts in höchstem
Grade daran gelegen, sich der Dienste eines Gottesman-
nes zu versichern, damit dieser über das geistliche Leben seiner Besatzung wache und sie auf dem Pfad eines
heiligmäßigen Lebens halte, und er bemühte sich, den

Gefangenen zu diesem Dienst zu gewinnen, wobei er
schwor, man werde nichts von ihm verlangen, außer
daß er Gottesdienst halte und Punsch bereite. Doch der
fromme Mann war nicht zu erweichen, so daß ihn der
Kapitän schließlich verzweifelt ziehen ließ und ihm all
seine Habe zurückgab, mit Ausnahme eines Korkenzie-
hers und dreier Gebetbücher, die, wie Dr. Gosse sagt,
»an Bord der *Royal Fortune* dringend vonnöten waren«.

Unbestritten aber konnte in puncto Frömmigkeit
keiner der englischen Seeräuber ihrem französischen
Kollegen Kapitän Misson das Wasser reichen. Ihn be-
kümmerte die von einigen holländischen Piraten auf seinem Schiff eingeschleppte lasterhafte Ausdrucksweise
so sehr, daß er seiner Besatzung folgende Ansprache
hielt: »Bevor er das Unglück hatte, sie an Bord zu bekommen, wurden seine Ohren nie damit gekränkt, daß
man vor ihnen den Namen des großen Schöpfers herab-
setzte. Nun aber habe er zu seinem großen Kummer
häufig hören müssen, wie sich seine eigenen Männer
dieser Sünde schuldig machten, die weder Vergnügen
noch Nutzen mit sich bringe und schwere Strafe auf sie
ziehen könne: Und wenn sie eine richtige Vorstellung
von jenem großen Wesen hätten, würden sie seines Namens nie Erwähnung tun, sondern sogleich an dessen
Reinheit und ihre eigene Verworfenheit denken.«

Schließlich »kündigte er den Holländern an, den ersten, den er mit einem Fluch auf den Lippen oder
Schnaps im Kopf erwische, werde er als mahnendes
Beispiel für seine Landsleute an den Mast binden, aus-
peitschen und seine Wunden mit Salzwasser einreiben
lassen.«

Bartholomew Roberts
(1682–1722)

Bartholomew Roberts
Piratenflagge

Dennoch waren viele englische Seeräuber, wie ich
schon habe durchblicken lassen, Männer von beispielhafter Frömmigkeit, die ihren Beruf als religiöse Beru-
fung ansahen. In deren Verfolgung trotzten sie den
Schrecken des hohen Meeres und den dort anzutreffen-
den Ungeheuern. Beispiele dafür sind »der Physeter, in
unserer Sprache der Wasserstrudel« (Lowes, a. a. O.) –
»das Unglück kündende Geschöpf mit Menschenantlitz
und Mönchskutte, so mit deutschem Namen Wassermann heißt; das sich nur selten zeigende Ungeheuer,
das 1531 vor der Küste Polens gesichtet wurde und
dessen schuppige Haut den Gewändern eines Bischofs
ähnelte; der fledermausflüglige Dämon, der mit Recht

als Satyr der Meere bezeichnet wird; der grausige Ziphius, der Rosmarus, von Elefantengröße, der schwerfällig auf die Berge klimmt, welche das Meer säumen; die Scolopendra, in deren Flammenantlitz Augen mit einem Umfang von zwanzig Fuß lodern; der furchtbare Monoceros.«

Aus Gründen, die sie selbst am besten kennen dürften, scheinen sich diese Ungeheuer nie einem Engländer gezeigt zu haben; auch hat dem Vernehmen nach kein Angehöriger unseres Volkes je das Land der Farici erblickt, deren Nahrung aus rohen Schlünden von Löwen und Panthern besteht (Santorem, *Histoire*, III, 2) oder das der Manoculi, ein Volksstamm, von dessen Angehörigen es hieß, daß sie, obwohl nur mit einem Bein ausgestattet, so schnell wie der Wind zu laufen vermochten, und die träge in der Sonne lagen, wobei ihnen ihr einziger riesiger Fuß (den manche als von blauer Farbe bezeichneten) als Sonnenschirm diente.

Die Engländer sind nämlich, wie allenthalben bekannt ist, gewohnheitsmäßige Skeptiker, auch wenn das gewisse Angehörige dieses Volkes nicht daran hindert, ebenso seltsame Bräuche – persönliche Gewohnheiten – zu pflegen wie die oben genannten Stämme.

Im Jahre 1768 liefen, finanziert von einigen Kaufleuten aus Bristol, aber auch von Dr. Thomas Dover – ein herausragender Arzt aus jener Hafenstadt, der die Expedition auf der *Duke* als Stellvertreter des Kapitäns begleitete – zwei Freibeuterschiffe mit dem Ziel Südsee aus: *The Duke* und *The Dutchess*[1]. Ihre Besatzungen, die

---

1 *Herzog* und *Herzogin*

von religiöser Begeisterung erfüllt waren, interessierten sich weder für Physeter, Wassermann, Ziphius oder Rosmarus, wohl aber für die Spanier – in ihren Augen weit gefahrvollere Ungeheuer, die sie zu jagen und zu berauben trachteten. Waren nicht Spanier wie Portugiesen katholisch, Anhänger der papistischen Kirche, und war es nicht daher eine fromme Pflicht, sie ihrer Besitztümer zu berauben?

Nicht nur Dr. Dover (der Erfinder des berühmten Doverschen Pulvers[1], das vom späten siebzehnten bis zum frühen neunzehnten Jahrhundert Schrecken aller Kleinkinder war), sondern auch andere Teilnehmer an jener Expedition sollten Berühmtheit erlangen: der Erste Steuermann, William Dampier (später Kapitän Dampier), Verfasser der *New Voyage Round the World* [Erneute Umsegelung der Welt] – wie Coleridge sagt: »Der alte Dampier, ein ungehobelter Seebär, aber ein Mann von ausgezeichneten Geistesgaben«; Kapitän Woodes Rogers und Simon Hatley, dritter Maat an Bord der *Dutchess*. Mir ist bekannt, daß Kapitän Dampier außerordentlich überspannt war – auch wenn man von der übermäßigen Freundlichkeit absieht, mit der er den über die Meere gejagten und ausgeplünderten Portugiesen entgegentrat; Hatleys einzige Überspanntheit hingegen war, soweit uns bekannt ist, sein ausgeprägter Aberglaube. Dieser aber sollte ihn zu einer Handlungsweise veranlassen, die ihn der gesamten Lyrik lesenden Welt bekannt machte – allerdings nicht unter seinem eigenen Namen.

Doch den Abenteuern dieser Freibeuter – wenn auch

1 Seine Hauptbestandteile waren Opium und Brechwurz. [A. d. Ü.]

Dr. Thomas Dover
trifft
Alexander Selkirk

nicht ihrem Wesen – war die übertriebene Gebärde zu eigen, die man Überspanntheit nennen kann.

Dr. Dover hatte die Eigenheit, seinen Patienten gern als innerlich anzuwendendes Mittel Vitriol und Quecksilber aufzuerlegen. Doch sollten diese Medikamente den Besatzungen zweier Schiffe zugute kommen.

Nachdem die Abenteurer die beiden Städte von Guayaquil südlich des Äquators in der Südsee erreicht hatten, nahmen sie diese im Sturm, brannten sie nieder und plünderten sie aus. Doch die toten Bewohner der Stadt, die einem entsetzlicheren Feind als den Engländern erlegen waren, sollten sich an ihnen rächen. In der Nacht legten sich die Piraten in der Kathedrale zum Schlaf nieder.

Die Stille stieg um sie wie ein Meer.

Dann fiel ihnen ein sonderbarer Geruch auf, der kaum wahrnehmbar war und Teil der Stille zu sein schien.

Es dauerte eine Weile, bis sie begriffen, wer ihre Schlafgenossen waren ... »Genug halb mumifizierte Leichen, die jener Pestepidemie erlegen waren, welche die beiden Städte befallen hatte, lagen unbeerdigt auf den Bodenplatten der Kathedrale und bildeten eine Welt aus Medizin gewordenen Mumien.« (»Man muß«, heißt es bei Peter Treveris in *The Great Herbal* [Große Naturheilkunde], »eine leuchtend schwarze und steife Mumie auswählen, die stinkt. Wenn aber eine weiß ist und ins Bräunliche spielt, nicht stinkt, nicht steif ist und leicht zu Staub zerfällt, taugt sie nichts.«)

Dr. Dover allerdings stellte aus diesen Mumien keine Medizin her; doch als hundertacht seiner Männer von

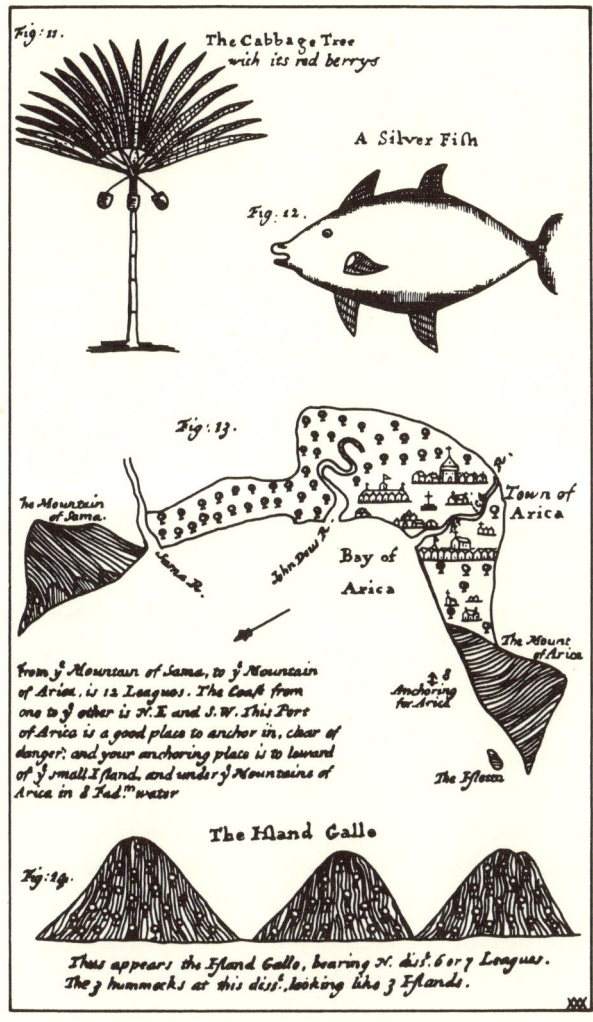

Skizzenblatt
aus dem Tagebuch
von William Dampier

der Pest befallen wurden, sorgte er dafür, daß man sie
zur Ader ließ, und gab ihnen »Große Mengen Wasser,
mit Öl und in Alkohol gelöstem Vitriol versetzt, auf
welche Weise sie lediglich sieben oder acht Männer ein-
büßten.«

Die übrige Gesellschaft fuhr mehrere Nächte hindurch fort, die Kathedrale mit den lang schlafenden
Bettgenossen zu teilen ... Das war im Jahre 1709 ...

Doch wir wollen diese kalten Schatten verlassen und
uns den Erinnerungen an die Hitze und Intensität der
Tropensonne sowie den sich daraus ergebenden Unbequemlichkeiten hingeben.

Im Jahr vor Dr. Dovers glänzendem Sieg über die
Pest hatten die Seeleute Schwierigkeiten mit »unmäßig
großen Spinnen« gehabt, die, so heißt es bei Woodes
Rogers, »ihre Netze so kräftig weben, daß es schwer ist,
durch sie hindurch zu gelangen«; und weiter: »die Hitze
ist für uns, die wir gerade aus Europa kommen, so unmäßig, daß mehrere unserer Männer erkrankten und
zur Ader gelassen wurden.«

Doch der religiöse Eifer der Mannschaft blieb davon
unbeeinträchtigt. »Wir begannen, so, wie die Gelegenheit es zuließ, nach den Vorschriften der Kirche Englands auf beiden Schiffen morgens wie abends Gebete
zu lesen; eine Übung, die wir für die Dauer der Reise
beizubehalten gedenken.«

Dr. Dover und andere gingen auf die Jagd und brachten als einzige Beute »ein ungeheuerliches Geschöpf
mit, das sie getötet hatten. Es besaß Stacheln wie ein
Igel, aber Fell dazwischen, und es hatte einen Kopf und
Schwanz wie ein Affe. Es stank« (beteuert Mr. Rogers)

Woodes Rogers
entert ein Piratenschiff

»unerträglich. Das aber, versicherten uns die Portugiesen, gelte nur für die Haut, das Fleisch sei überaus köstlich, und sie töteten solche Tiere häufig als Nahrung. Doch da es unseren Männern so recht noch an nichts fehlte, brachte es keiner über sich, den Versuch zu wagen, und so waren wir gezwungen, das Tier über Bord zu werfen, damit an Bord wieder alles im Lot war.«

Doch gab es auch fröhlichere Zwischenfälle. An der Isle de Grande, teilt uns Rogers mit, »wirkten wir mit den Musikern beider Schiffe« an einer bedeutenden religiösen Feier mit, »wir warteten dem Gouverneur, Signior Raphael de Silva Lagos unser zehnt mit zwei Trompeten und einem haut bois auf, denn er wollte, daß wir auf dem Weg zur Kirche spielten, wo unsere Musik als Ersatz für die Orgel diente, und zwar getrennt vom Gesang, dem die patres ordentlich oblagen. Unsere Musik spielte ein munteres Lied und allerlei laute und jämmerliche Weisen. Und nach dem Gottesdienst marschierten unsere Musiker, die inzwischen mehr als halb betrunken waren, an der Spitze der Gesellschaft; neben ihnen ein alter Pater und zwei Klosterbrüder mit Weihrauchkesseln, dann ein mit Blumen und Wachskerzen geschmücktes Gnadenbild, dahinter an die vierzig Priester, Klosterbrüder usw., gefolgt vom Gouverneur der Stadt, darauf ich und Kapitän Courtney, und für jeden von uns gab es eine lange brennende Wachskerze. Die Feier dauerte etwa zwei Stunden; danach wurden wir vortrefflich bewirtet, erst von den Patres des Klosters und sodann vom Gouverneur. Sie teilten uns einmütig mit, daß sie außer unserer Gesellschaft nichts von uns erwarteten, und sie bekamen nicht mehr als unsere Musik.«

Am folgenden Tag lud Rogers, bevor sie wieder in See stachen, den Gouverneur, die Priester und Klosterbrüder an Bord der *Duke* zu Gast, »wo sie außerordentlich guter Dinge waren und uns mit ihren Bechern auf das Wohl des Papstes zutranken. Aber wir entgalten es ihnen damit, daß wir auf die des Erzbischofs von Canterbury anstießen; und weil wir gerade so schön im Zuge waren, auch auf die William Penns. Ihnen aber mundete unser Schnaps so sehr, daß sie sich keinem von beiden verweigerten.«

Man hielt es für ratsam, daß der Gouverneur und die übrigen Gäste die Nacht an Bord verbrachten. Als sie am nächsten Morgen an Land zurückkehrten, teilt uns Rogers mit, »verabschiedeten wir sie mit einem kräftigen Hurra, das von beiden Schiffen scholl...«

»Unsere Musik...«

Begleitet wurde die Expedition von Fiedlern, Oboisten, Trompetern und Kurpfuschern, deren Hüte mit Bändern von allerlei Farben geschmückt waren: von Gösselgelb, Eichelhäherblau, Erpelgrün, Sonnenbrautgold über Flammendrot und Grellbunt bis hin zu stumpfen Tönungen wie Schwarzkümmel und Spanisches Rohr.

Ich weiß im einzelnen nicht, welche Melodien die Musiker spielten, aber ich denke mir, daß es wohl eher dem Landvolk geläufige Lieder[1] waren, welche die Männer an die Heckenwege ihrer heimatlichen Grafschaft Devonshire und an die Lokalitäten erinnerten, an

---

1 Hier werden folgende Titel aufgeführt: Bonnets so Blue, None so Pretty, Jenny Pluck Pears, Rufty Hufty, Trunkles, Dargason, Bonny Green Garters und Lumps of Plum Pudding. [A.d.Ü.]

denen sie sich in Bristol aufzuhalten pflegten, als gewichtigere Weisen.

Auch stelle ich mir vor, daß die Meere, auch wenn es tropische Gewässer waren, was die wackeren Seeleute betraf, weniger vom Physeter und ähnlichen Geschöpfen heimgesucht wurden, als von Meeresungeheuern wie dem »Hut-Schleimfisch«, der »einen blauen Knopf oder Knauf besitzt..., den man mit einem Strohhut vergleichen kann, wie ihn unsere Frauen tragen«, oder dem »Rosenförmigen Schleimfisch«, den Martens auf seiner Reise nach Grönland sah – und der tatsächlich zu ihrer Begrüßung vom Polarkreis in die Tropen geschwommen sein mag.

Um die Jahreswende sollte Dampier, ohne daß er es wußte, einem alten Schiffsgefährten von Angesicht zu Angesicht gegenübertreten, der keineswegs beglückt war, ihn zu sehen.

Im Jahre 1703, rund fünf Jahre vor dem religiösen Fest auf der Isle de Grande, war eine andere Expedition mit zwei Schiffen in die Südsee gesegelt. Zur Besatzung gehörte ein Pirat namens Alexander Selkirk – der ebenfalls berühmt werden sollte. Kapitän des einen Schiffs war William Dampier, das andere befehligte Kapitän Stradling. Beide scheinen zu jener Zeit die Gewohnheit gehabt zu haben, ihre Männer auf einsamen Inseln auszusetzen, sie aber auf jeden Fall im Stich zu lassen. Es stimmt zwar, daß sich Mr. Selkirk sein Geschick selbst zuzuschreiben hatte, da er nach einer heftigen Auseinandersetzung mit Kapitän Stradling sein Schiff verließ und schwimmend die unbewohnte Insel Juan Fernandez erreichte, die etwa hundertzehn Seemeilen vor der chilenischen Küste liegt.

William Dampier
(1652–1715)

Als das Geräusch der Ruder allmählich immer leiser wurde, kam ihm das Grauenhafte seiner Lage zu Bewußtsein, er stürzte sich erneut ins Wasser, schrie dem entschwindenden Schiff nach und bat seine Kameraden inständig, umzukehren. Vom Deck eines der Schiffe spottete Stradling über des Mannes Verzweiflung. Das Schiff entfernte sich immer weiter. Er war allein.

»Tagein, tagaus«, schrieb Mr. de la Mare in *Desert Islands and Robinson Crusoe*, »saß er wachend, das Gesicht dem Meere zugekehrt, bis die Kraft seiner Augen und das Tageslicht nachließen und er nicht mehr wachen konnte. Nachts hatte er am Gestade gelegen, wo er beim Geheul der Meeresungeheuer vor Angst zitterte...«

Doch »im Laufe der Zeit... bezwang er seine Niedergeschlagenheit, machte sich ans Werk, zählte die Tage und schnitt wie Orlando den Rosalinds[1] seinen Namen in die Bäume. Er ernährte sich üppig von Schildkrötenfleisch, bis er es nicht mehr sehen konnte, außer in Gelee... Im November ... kamen Robben ans Ufer, um Junge zu werfen und sich zu begatten, wobei sie so laut jaulten und heulten, daß man es eine Meile landeinwärts noch hören konnte. Ein weiteres Selkirk unbekanntes Geschöpf war der Seelöwe, dessen Barthaare so ›hart und fest sind, daß man Zahnstocher daraus machen kann!‹«

Es gab aber noch mehr Lebewesen. So ärgerte Mr. Selkirk, einem Biographen zufolge, »eine Unzahl von Ratten«, die, während er schlief, unbedingt an seinen Füßen und anderen Körperteilen herumnagen wollten.

---

[1] In Shakespeares *Wie es Euch gefällt* [A. d. Ü.]

Alexander Selkirk
(1676–1721)
Robinson-Crusoe-Statue
bei Lower Largo
von T. Smart Burnett 1885

Doch Ratten hin oder her, dieser tapfere und tugend-
hafte Seeräuber »hielt sich weiterhin an die schöne
Form des häuslichen Gotteslobes, das er im Vaterhaus
kennengelernt hatte... Mit Andacht und häufigem Studium der Heiligen Schrift besänftigte und erbaute er
sein Gemüt.«

Unzweifelhaft bestärkte ihn das in seiner Entschlos-
senheit, den Ratten einen Strich durch die Rechnung zu
machen, und derselben Quelle, John Howell, entnehmen wir, daß er Wildkatzen »einfing und zähmte und
sich damit vergnügte, ihnen das Tanzen beizubringen.«

Mit solchen fröhlichen Übungen in der Kunst Terpsi-
chores und vielleicht auch der des Gesangs (denn manche glaubten, Mr. Selkirk habe die Katzen auch das Singen gelehrt), vertrieb er sich die müßigen Stunden.

»Auch Ziegen fing er«, fuhr Mr. Howell fort, »und
lehrte sie tanzen, ganz wie seine Katzen; und oft erklärte
er später, er habe nie und nirgendwo leichteren Herzens
getanzt, und sei die Musik auch noch so gut gewesen...
Möglicherweise war er ebenso glücklich, ach was,
glücklicher, als ihn ein Ballsaal voller Leben im zivili-
siertesten Land der Welt hätte machen können.«

Dies frohgemute Dasein unterbrach die Ankunft von
The Duke und The Dutchess, denn die Männer an Bord
beschlossen, vom Anblick eines Feuerscheins auf einer
allem Anschein nach unbewohnten Insel überrascht,
der Sache auf den Grund zu gehen.

Als Mr. Selkirk erfuhr, daß sein einstiger Vorgesetz-
ter, Kapitän Dampier, an Bord war, weigerte er sich anfangs beharrlich, gerettet zu werden. Doch schließlich
überredete man ihn, als Maat auf eins der Schiffe zu ge-

hen, und allmählich, sagt Mr. Howells, »nahm er seine
alten Gewohnheiten als Seemann wieder auf, doch ohne
die Laster, die bisweilen mit diesem Beruf verknüpft
sind. So enthielt er sich standhaft aller lästerlichen Flü-
che...« Tatsächlich »beherrschte die Religion alles Tun«
dieses frommen Piraten.

Seine Abenteuer jedoch waren keineswegs vorüber.
Natürlich war er Zeuge, wie Dr. Dover die Pest be-
siegte, und er wurde auf die Suche nach seinem Schiffs-
kameraden Hatley ausgeschickt, der bei einer Landex-
pedition verschollen war, mit der man ihn und eine
Handvoll von Gefährten betraut hatte. Die Männer waren Wilden in die Hände gefallen, die sie durchprügelten
und sie mit dem Hals an Bäume fesselten. Aus dieser be-
denklichen Lage wurden sie von einem Priester errettet.

Mr. Hatleys Schiffskamerad Alexander Selkirk –
oder Robinson Crusoe, wie ihn Defoe nannte – wäre
nach seiner Rückkehr nach England fast ein dekorativer
(allerdings unbezahlter) Einsiedler geworden, denn
er »schuf sich im Park seines Vaters in Largo auf einer
Bodenerhebung eine Art Höhle, in der er meditierte,
wobei er häufig in Tränen ausbrach.«

Vielleicht fehlten ihm seine Mittänzer.

Kapitän Hatley hingegen »traf im Jahre 1723 wohlbehalten in London ein«, wie uns Mr. Howell mitteilt,
»und nach jener Zeit hat man über ihn nichts mehr erfahren.«

... In Wirklichkeit aber...

Wir lesen in Kapitän George Shelvockes *Voyage Round
the World by the Way of the Great South Sea* [Reise um die

Welt durch die große Südsee] auf den Seiten 72 und 73:
»Unaufhörlich gab es Graupel-, Schnee- und Regen-
schauer, und beständig hielten düstere unheilschwan-
gere Wolken den Himmel vor unserem Blick verborgen. Kurz, man sollte nicht denken, daß irgendein
Lebewesen in einem so ungastlichen Klima überdau-
ern könnte; und tatsächlich fiel uns auf, daß wir keinen
einzigen Fisch welcher Art auch immer zu sehen bekamen, seit wir uns südlich der Meerenge von *le Mair*
befanden, und auch keinen einzigen Seevogel, außer
einem düsteren schwarzen *Albitros*, der uns mehrere
Tage das Geleit gab und über uns schwebte, als habe er
sich verflogen, bis *Hatley*, mein Stellvertreter, in einem seiner Trübsinnsanfälle beobachtete, daß er sich
ständig in unserer Nähe aufhielt, und aus seiner Farbe
den Schluß zog, er könne ein schlechtes Vorzeichen bedeuten. Was ihn dazu veranlaßte, in diesem Aberglau-
ben zu beharren, war wohl der unaufhörlich gegen uns
anstürmende Wind, der uns bedrückte, seit wir in dies
Meer eingefahren waren. Wie dem auch sei, nach mehreren fruchtlosen Versuchen schoß er den *Albitros*
schließlich herunter. (vermutlich) zweifellos in der
Ansicht, wir würden anschließend günstigen Wind bekommen.«

John Livingston Lowes merkt in seinem zitierten
Werk an, »hierbei mag es sich um den Südlichen Ruß-
albatros handeln (einst *Diomeda fuliginosa*, jetzt in der
wissenschaftlichen Terminologie *Phoebetria palpebrata
antarctica*), der in jenen Breiten heimisch ist; und diesen
Albatros kann man, wie sein volkstümlicher Name erkennen läßt, ohne weiteres schwarz nennen.«

*Alexander Selkirk
auf der Insel
Juan Fernandez*

Denn Mr. Howell irrte, als er sagte, über Simon Hatley habe man seither nichts mehr erfahren.

Er war das Vorbild zum Ancient Mariner[1].

---

1 *The Ancient Mariner* ist der Titel eines berühmten Gedichts von Coleridge. Ein Seemann, der einen Albatros erschossen hat (dieser Vogel galt Seeleuten als günstiges Vorzeichen), muß zur Strafe mit seiner Besatzung auf alle Zeiten von einem Land zum anderen segeln. Bei einem seiner Landgänge erzählt er einem Einsiedler seine Geschichte, und wann immerr sein Fuß festen Boden betritt, muß er seine Missetat zur Warnung anderer berichten. [A. d. Ü.]

Bildnachweis

Archiv für Kunst und Geschichte, Berlin:
Seite 153

Historia Photo, Hamburg:
Seite 140

Hulton Picture Company, London/Interphoto Pressebild Agentur, München:
Seite 17, 44, 47, 50, 75, 77, 84, 86, 89, 119, 122, 147,
171, 181, 187, 191, 215, 225, 229

Interphoto Pressebild Agentur, München:
Seite 31, 62, 63

Keystone Pressedienst GmbH, Hamburg:
Umschlagbild und Seite 19, 95

Frankfurter Verlagsanstalt:
Restliche Abbildungen

Die Abbildung des Gemäldes
der Prinzessin Caraboo, Seite 103,
ermöglichte freundlicherweise Karl A. Klewer.